Livre de coloriage
DINOSAURE

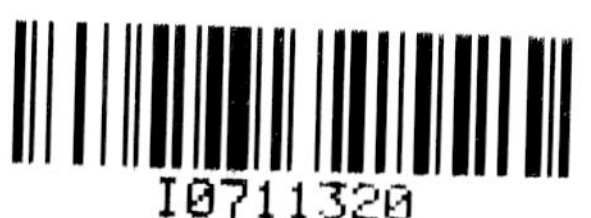

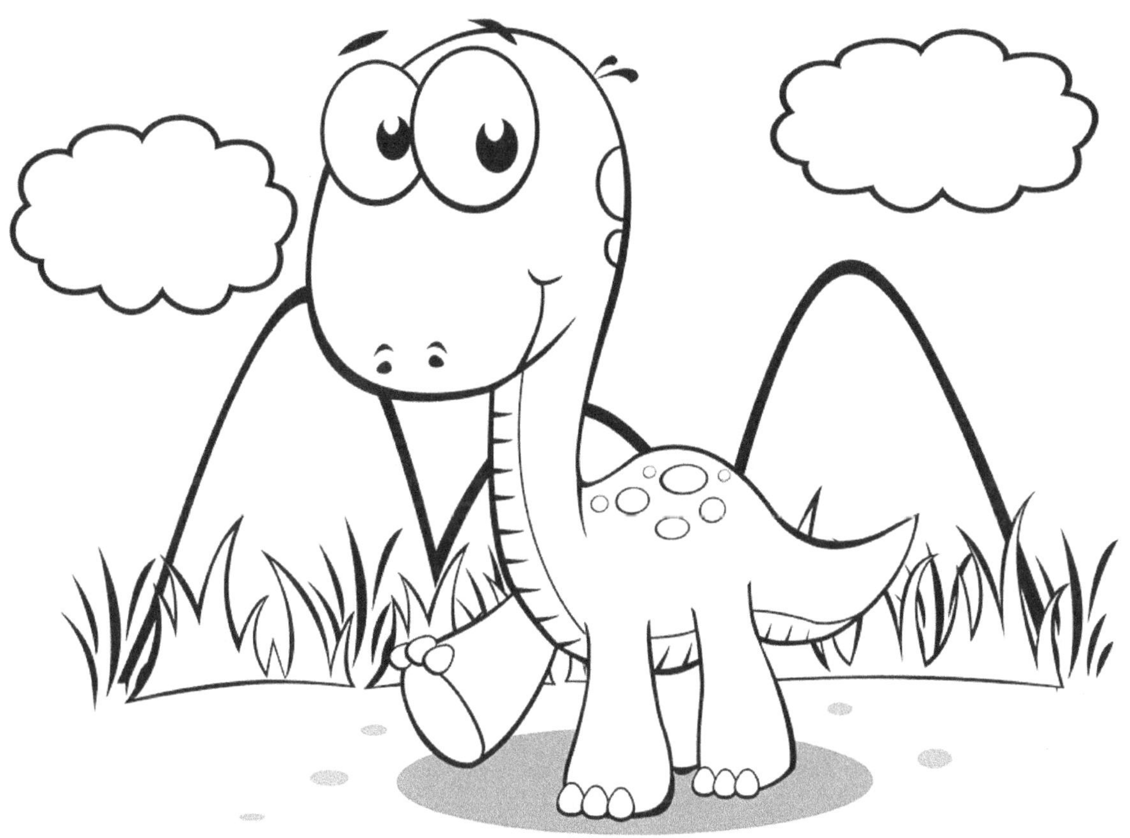

Pour enfant

MERCI POUR VOTRE ACHAT ET VOTRE CONFIANCE, SI VOUS AIMEZ LE CONTENU DE CE LIVRE N'OUBLIEZ PAS DE NOUS LAISSER VOTRE AVIS

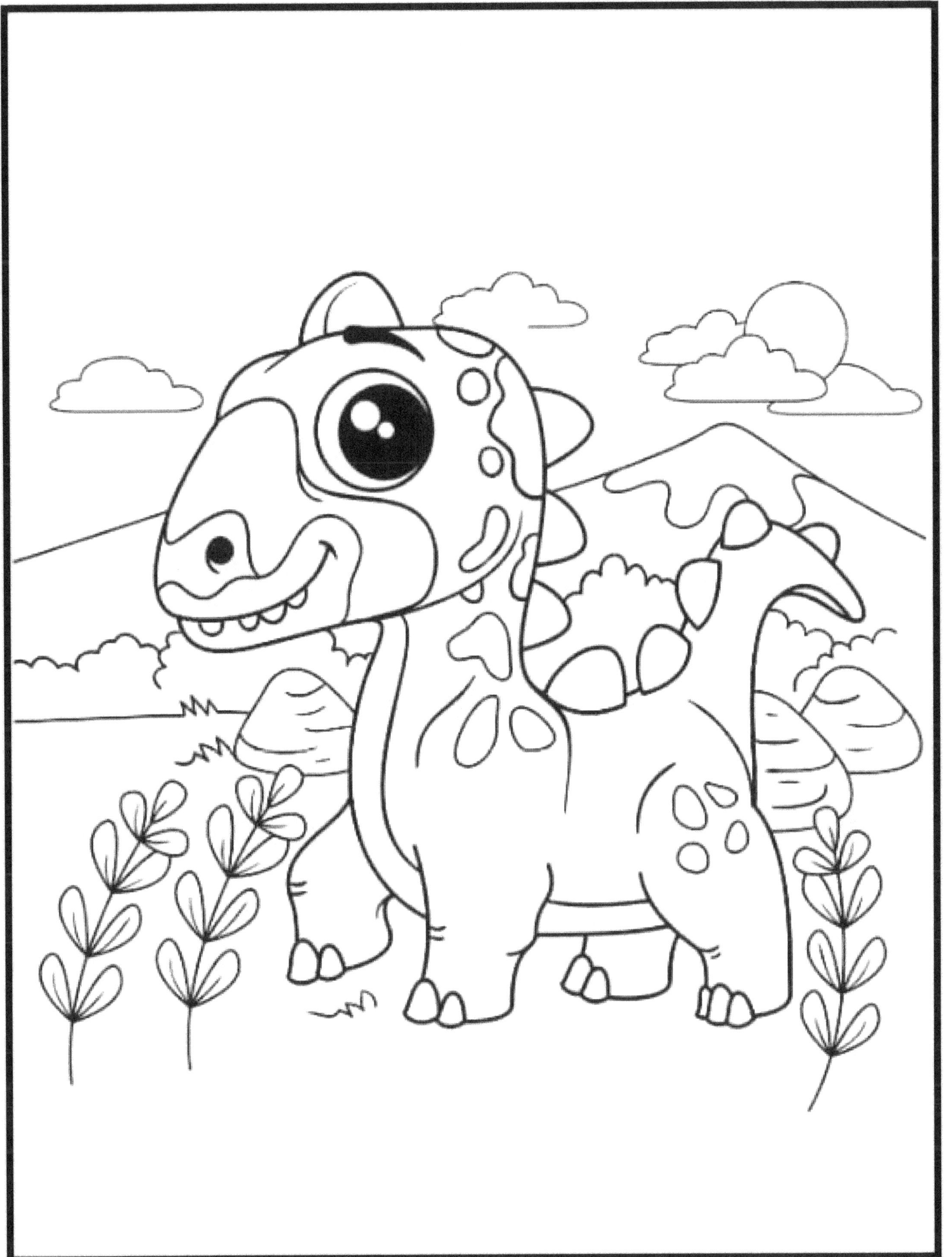

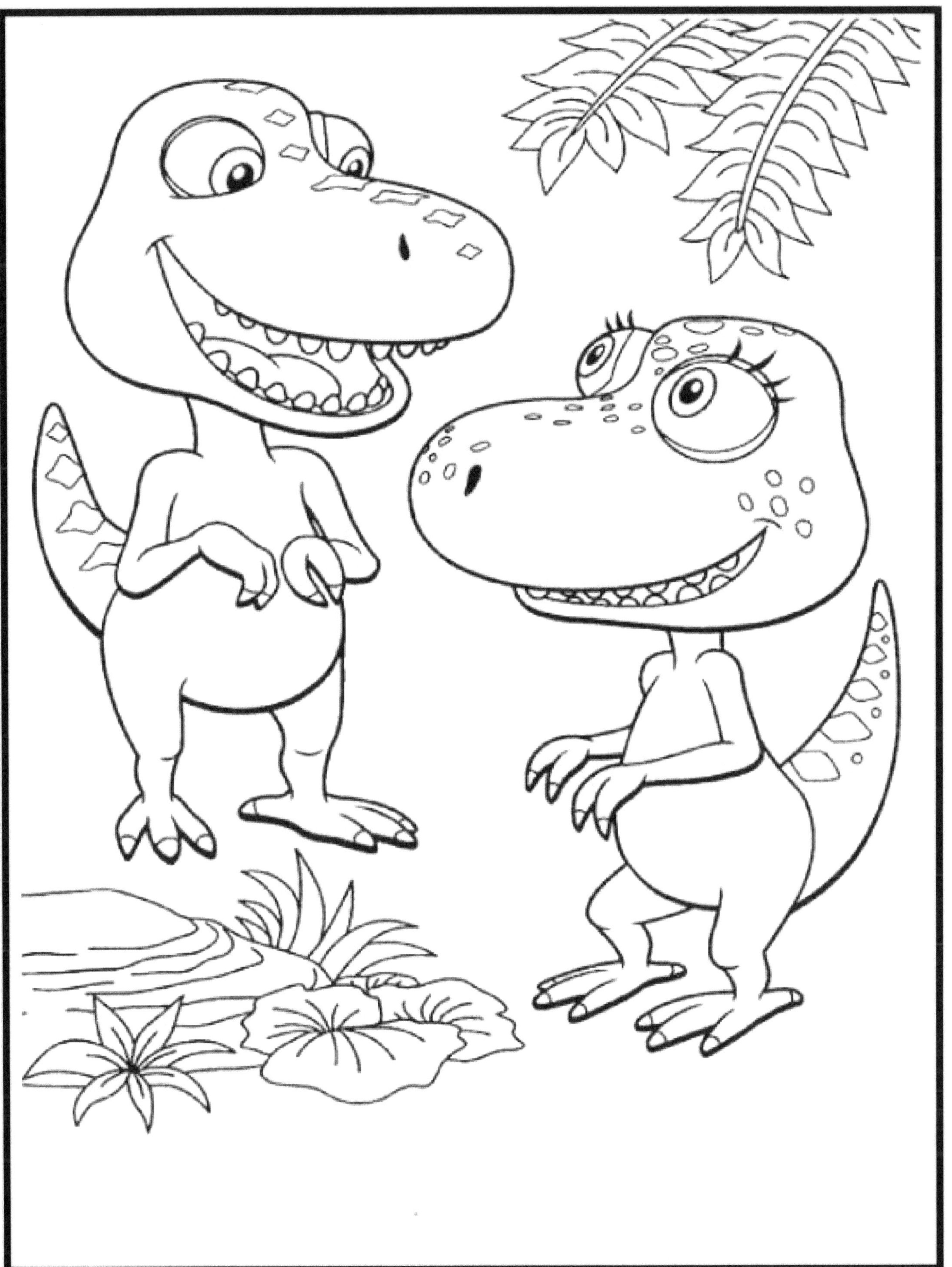

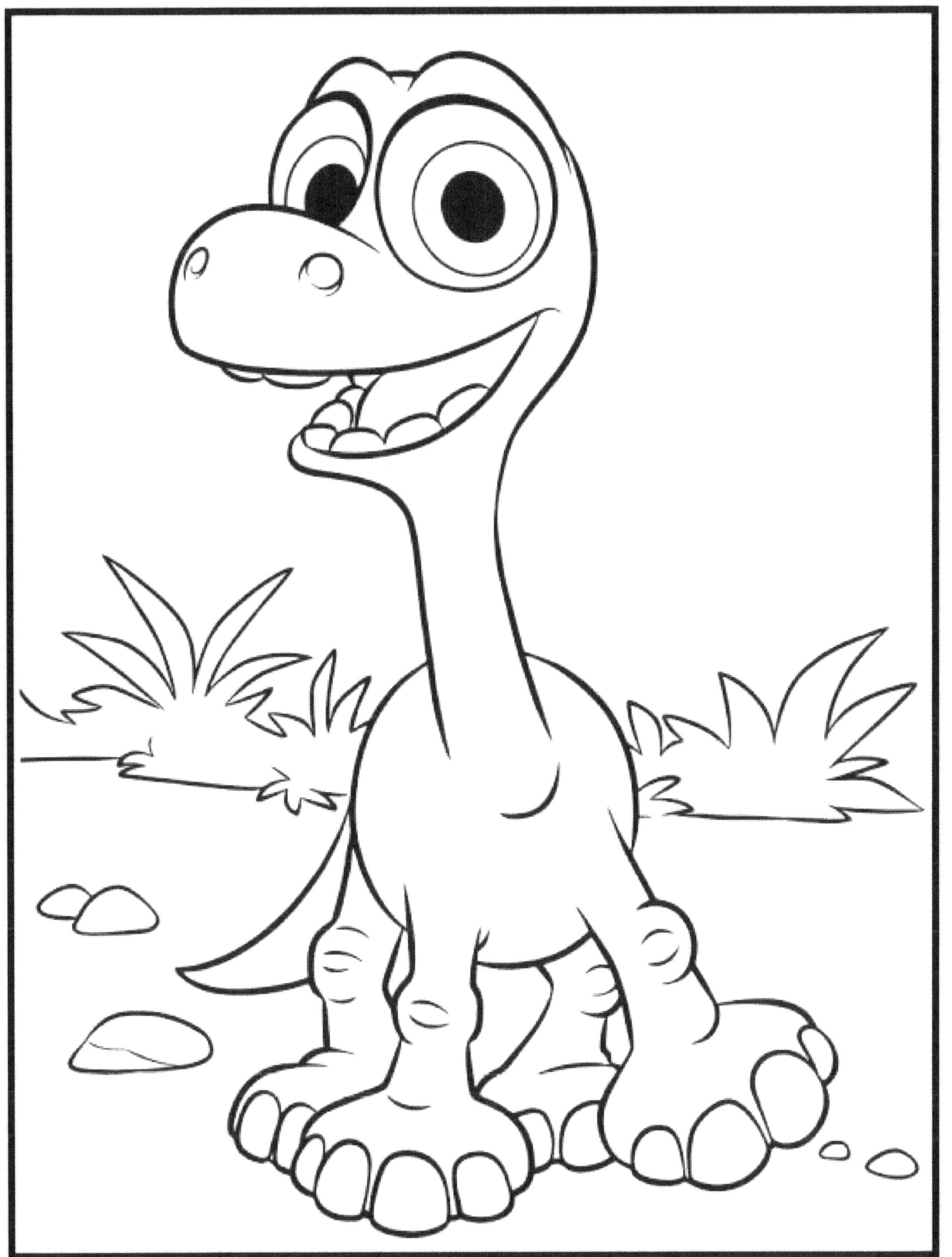

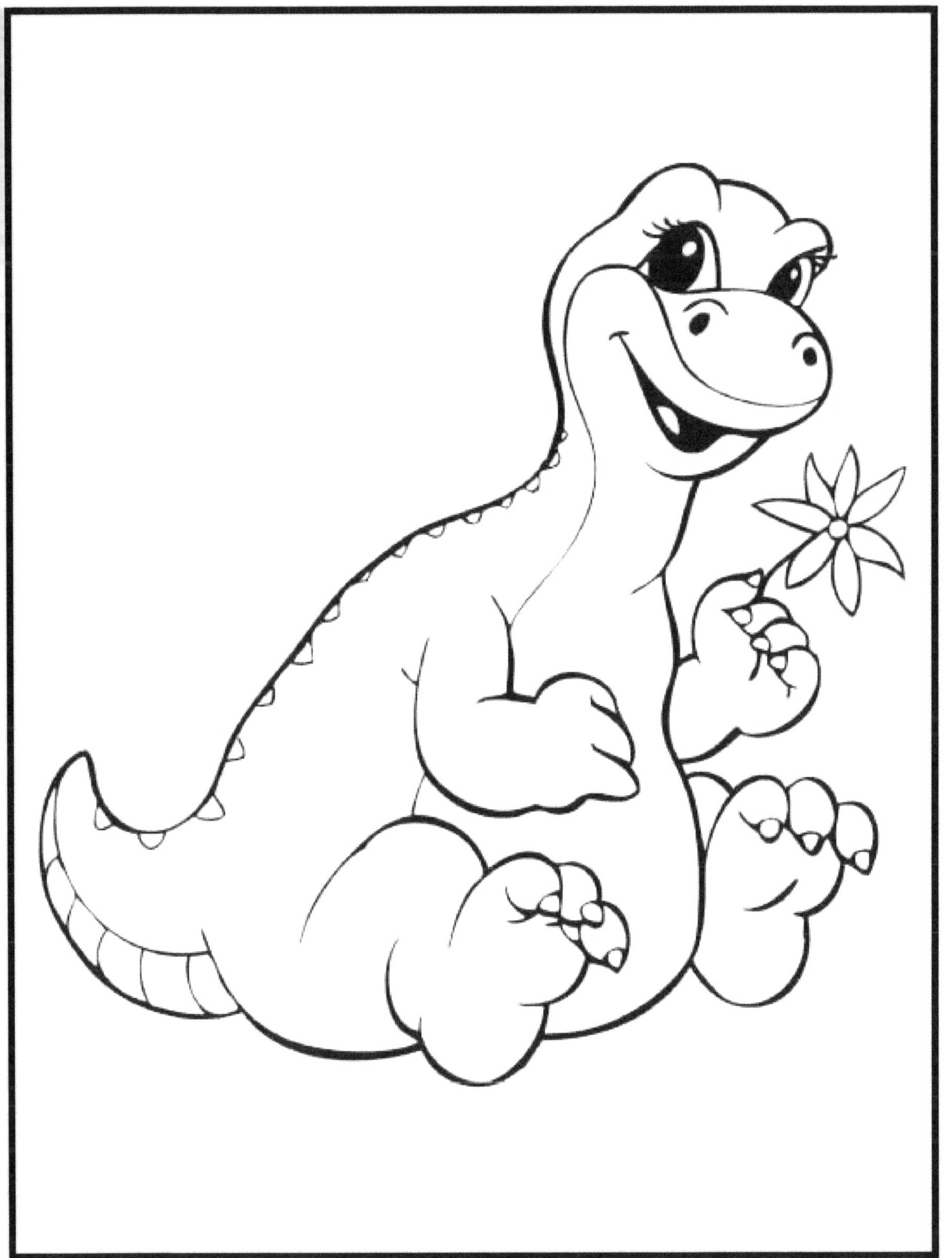

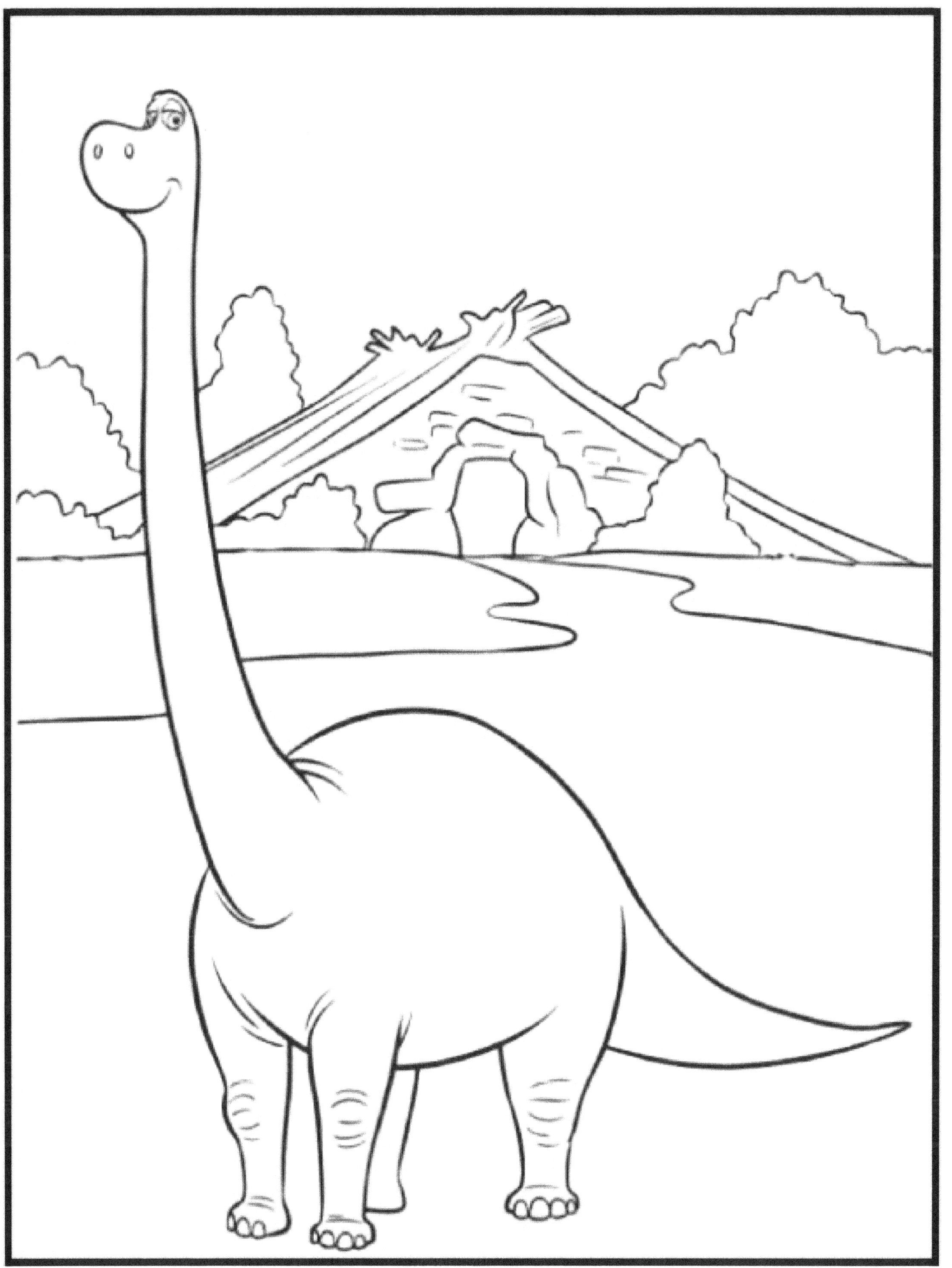

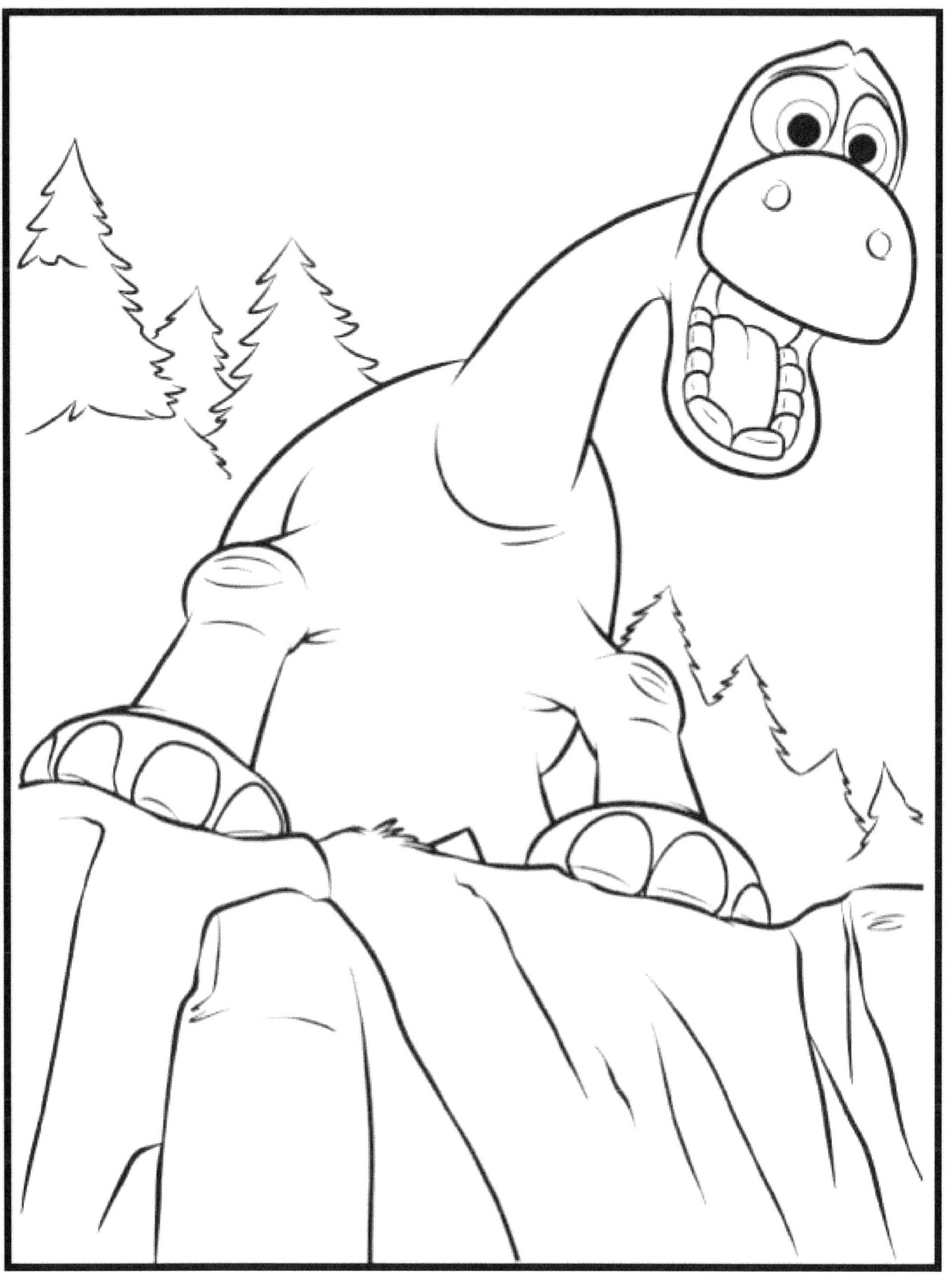

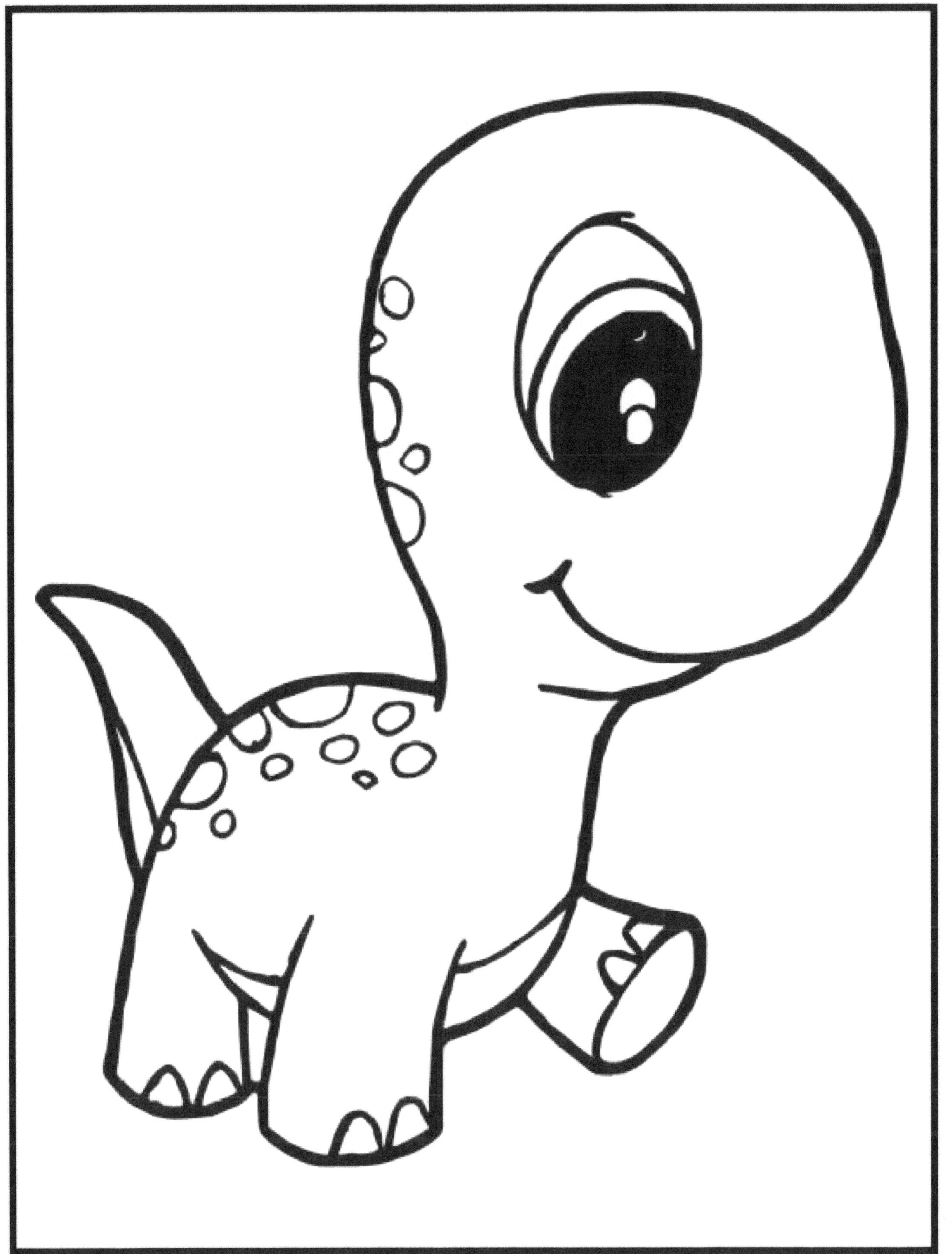

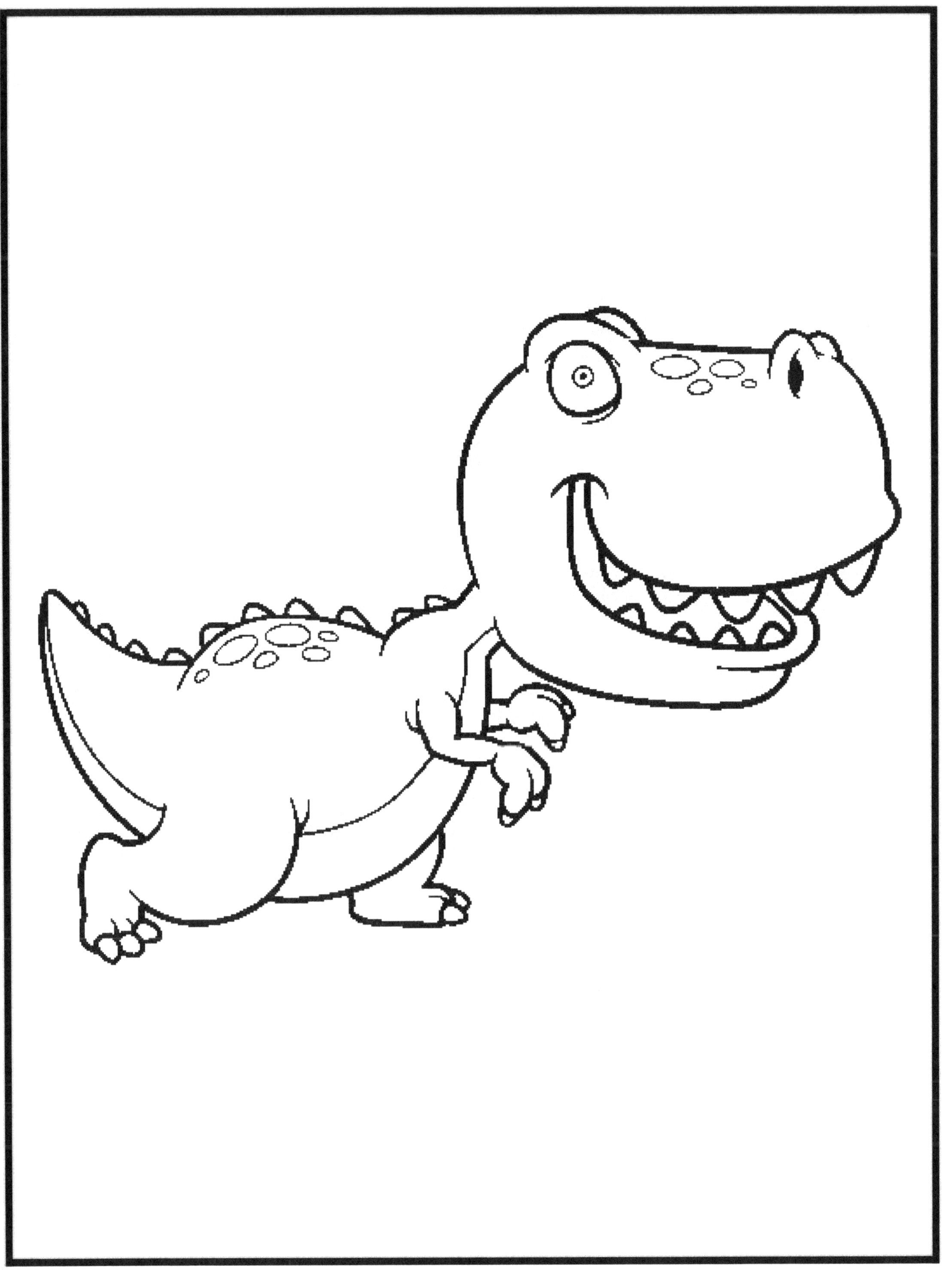

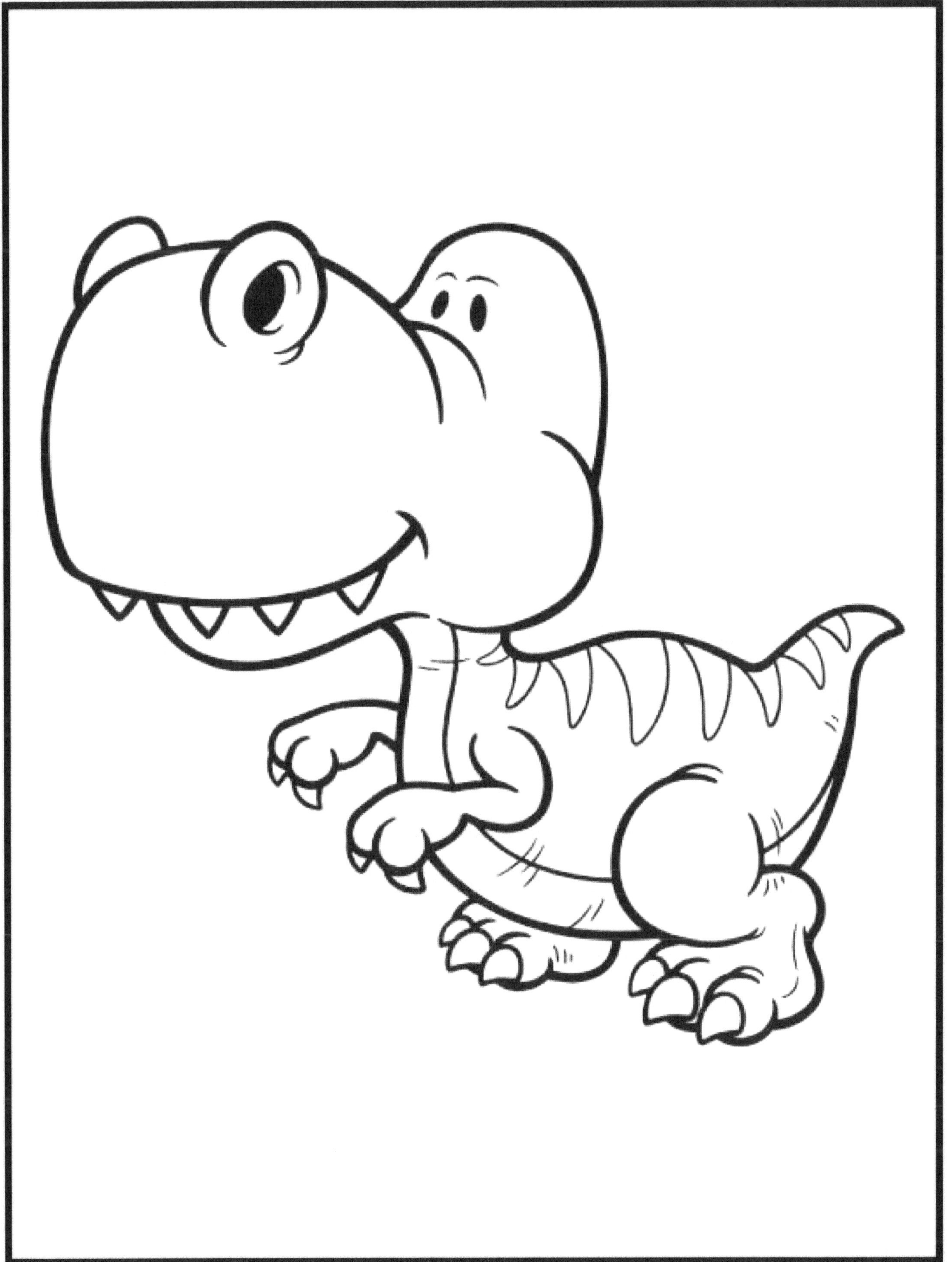

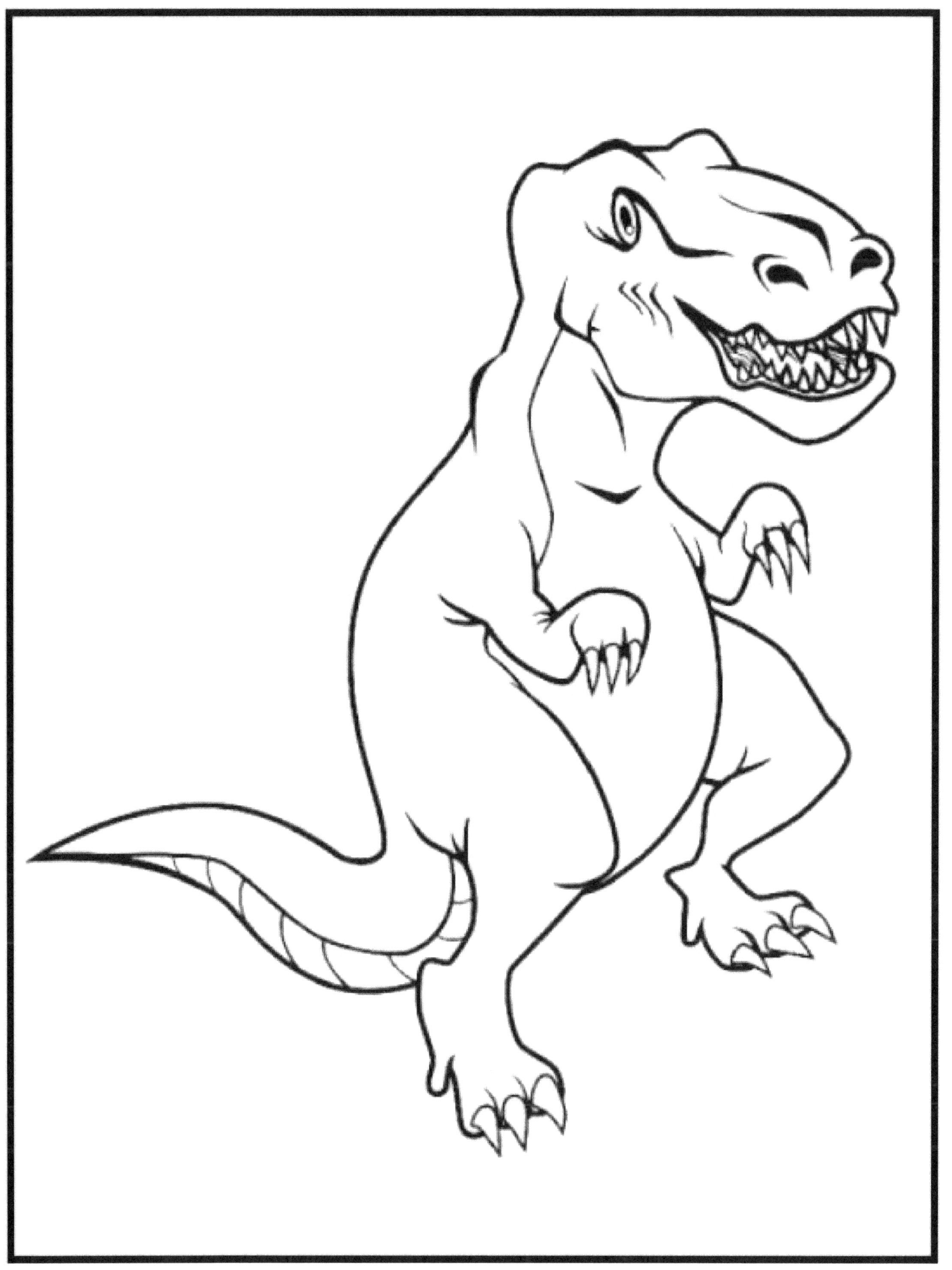

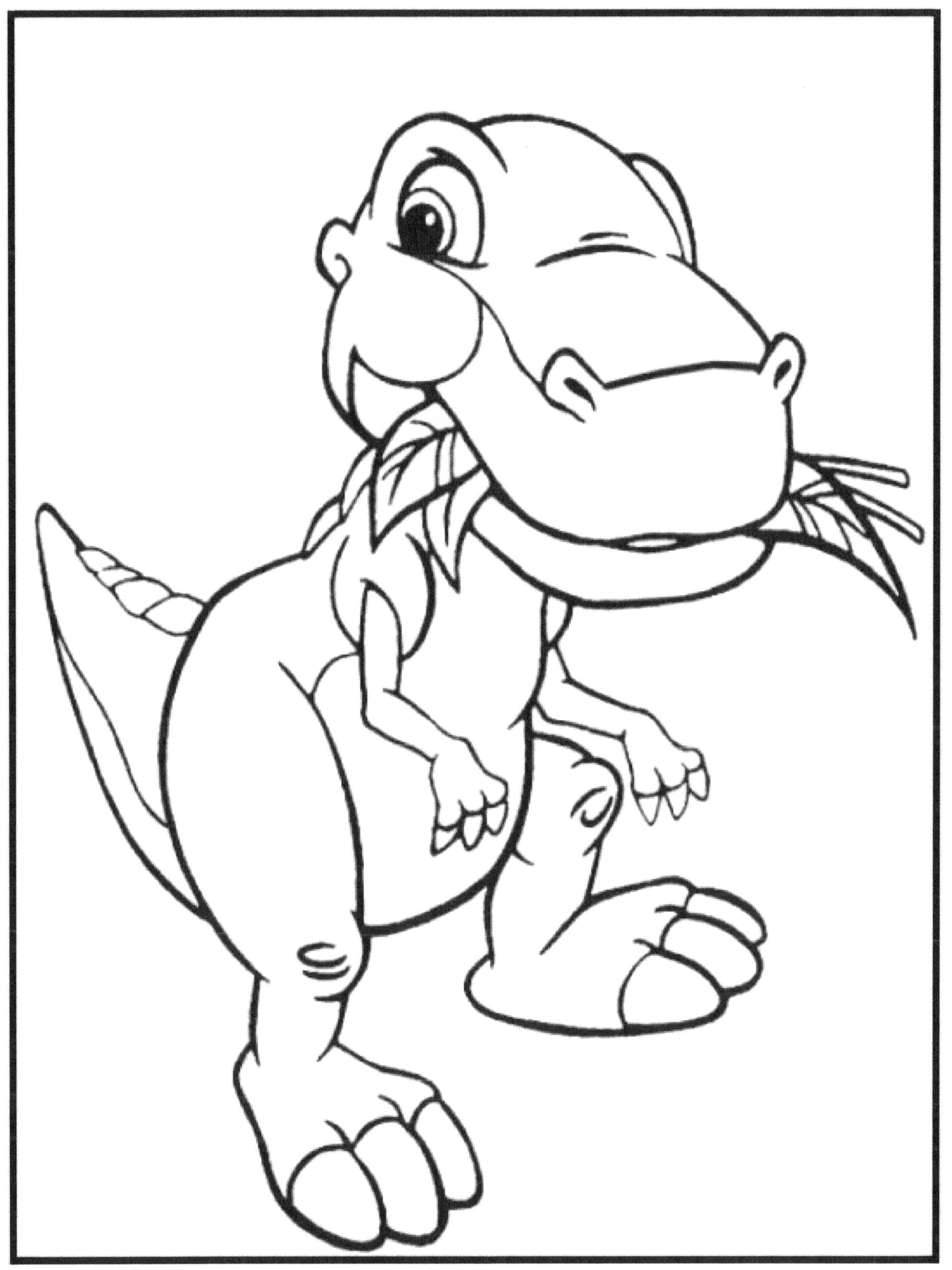

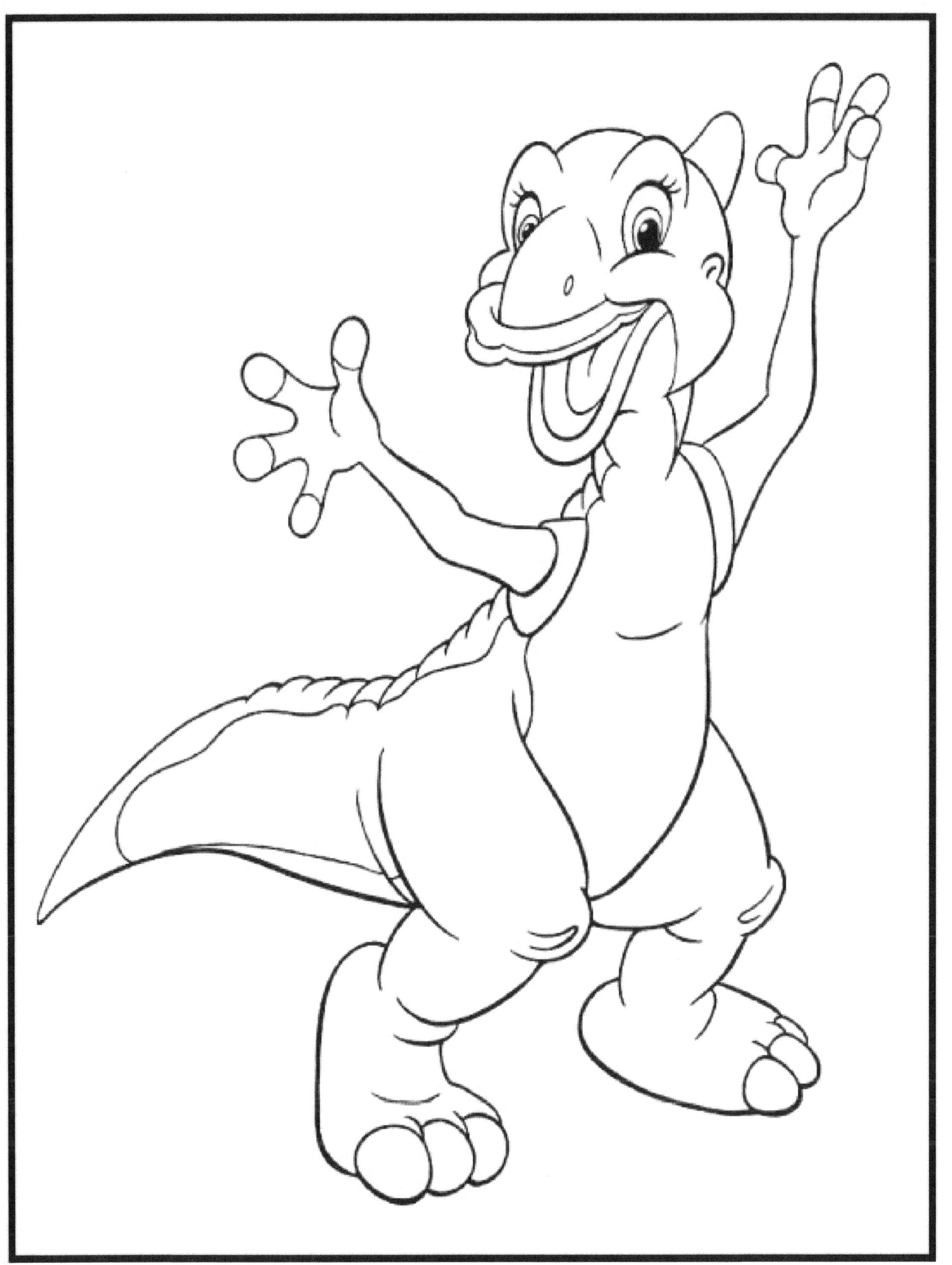

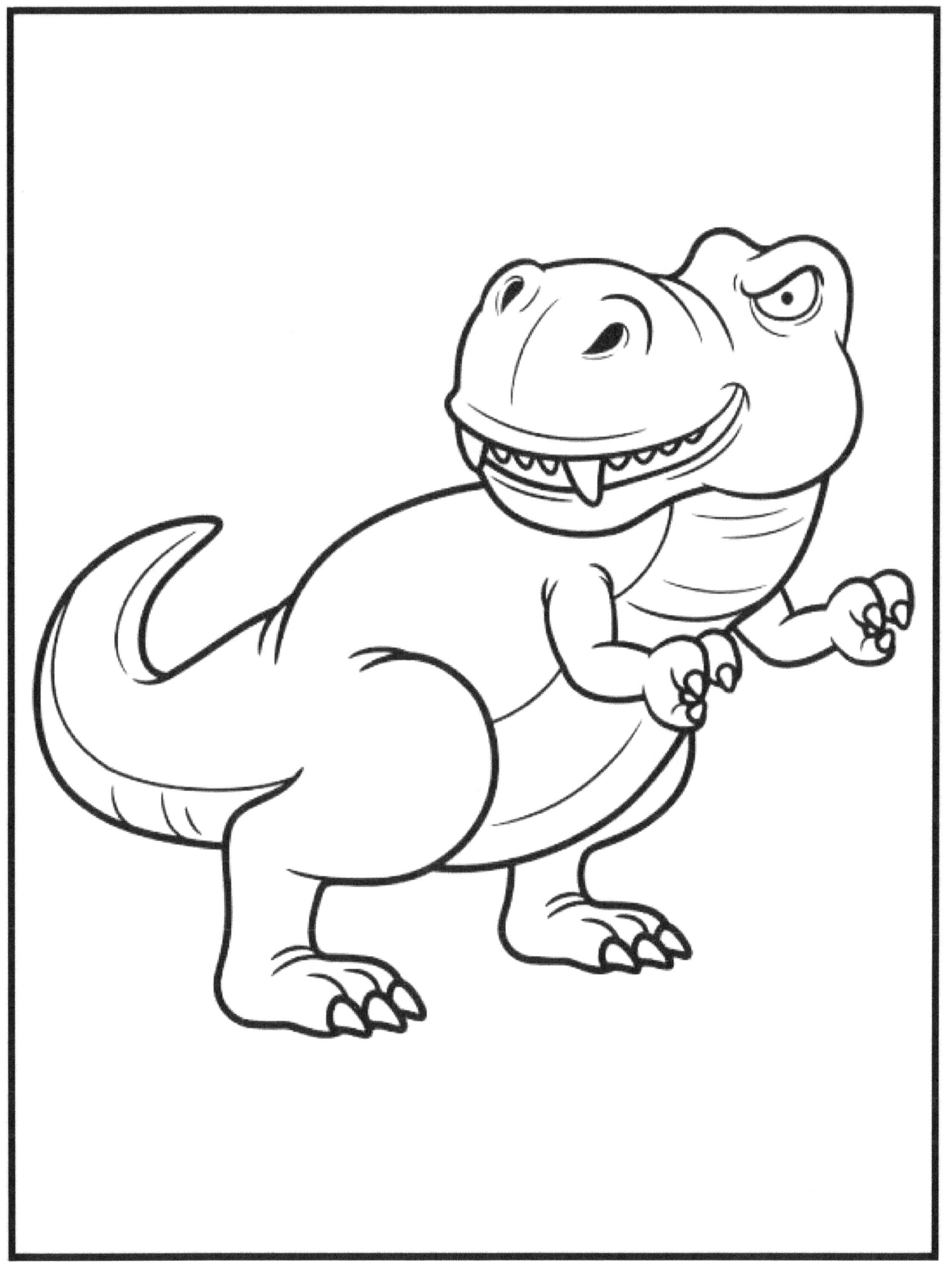

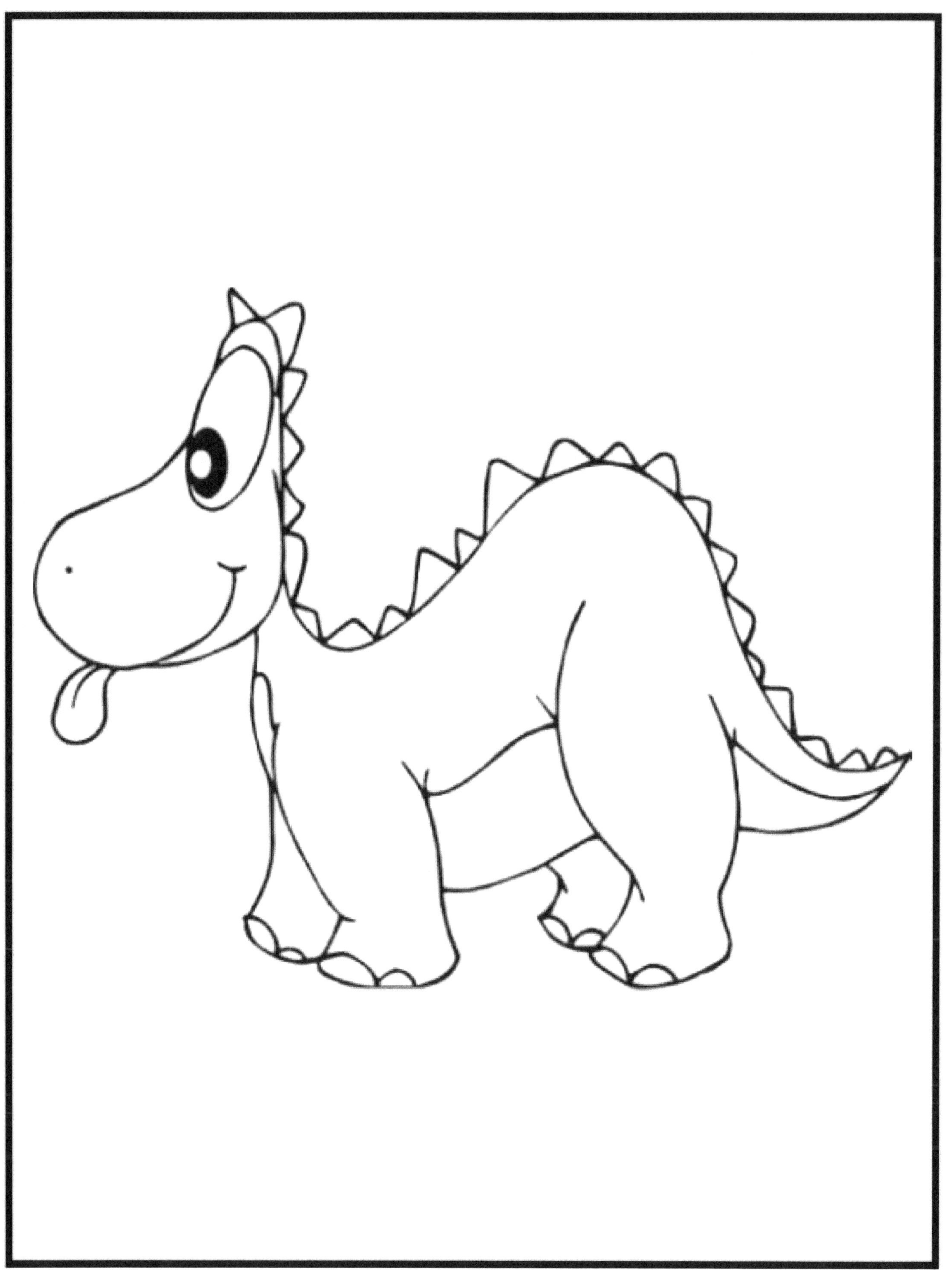

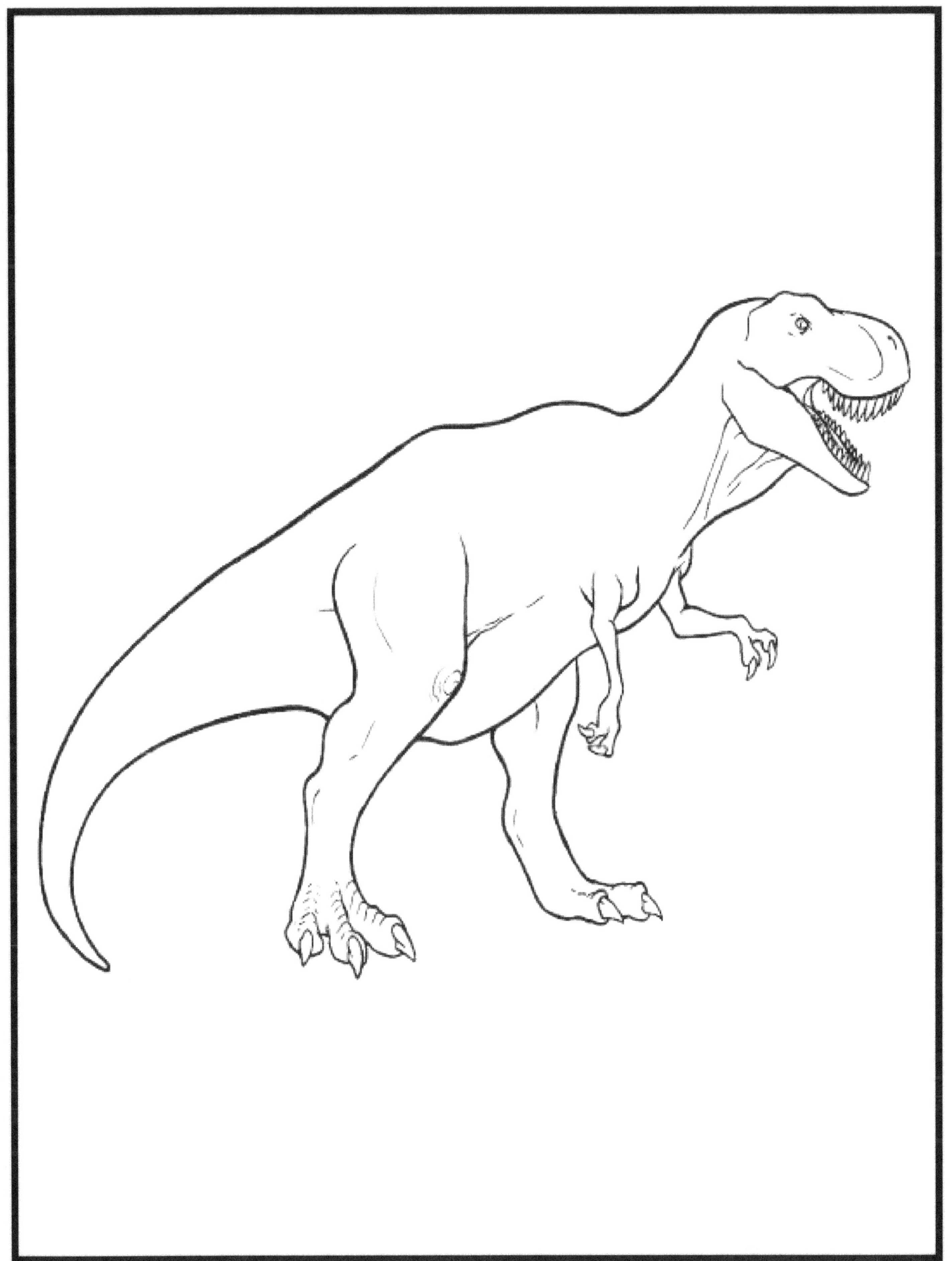

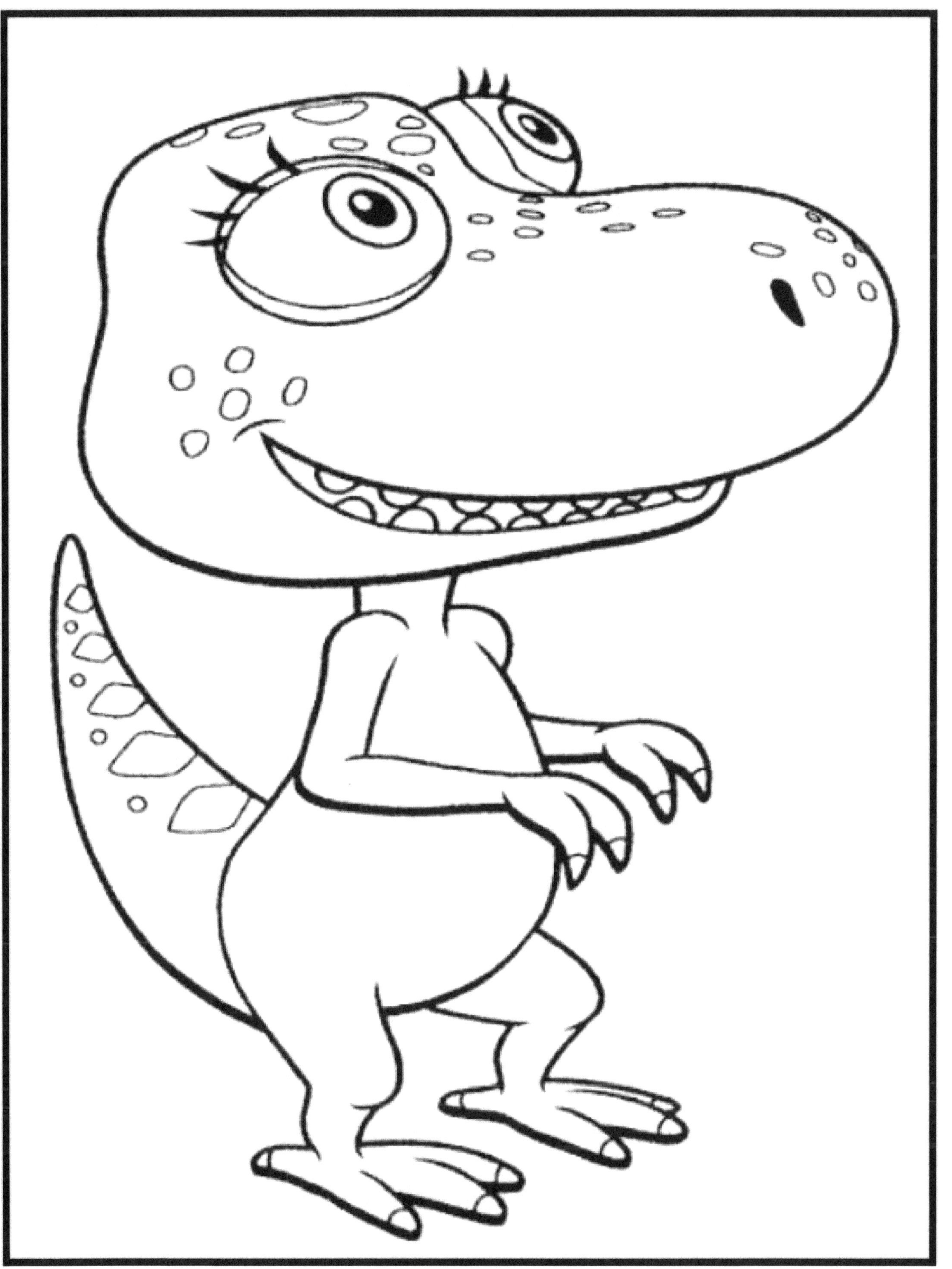

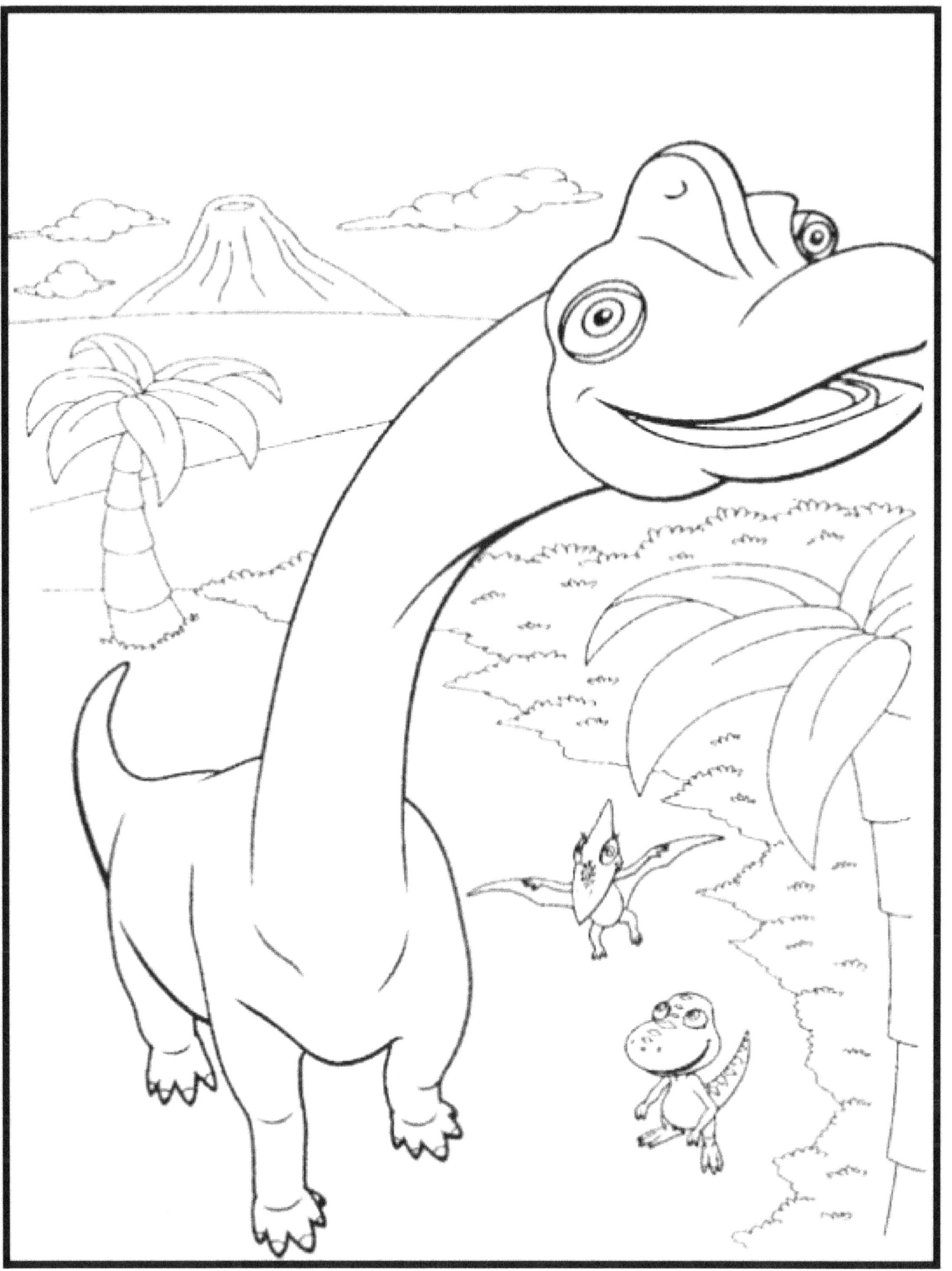

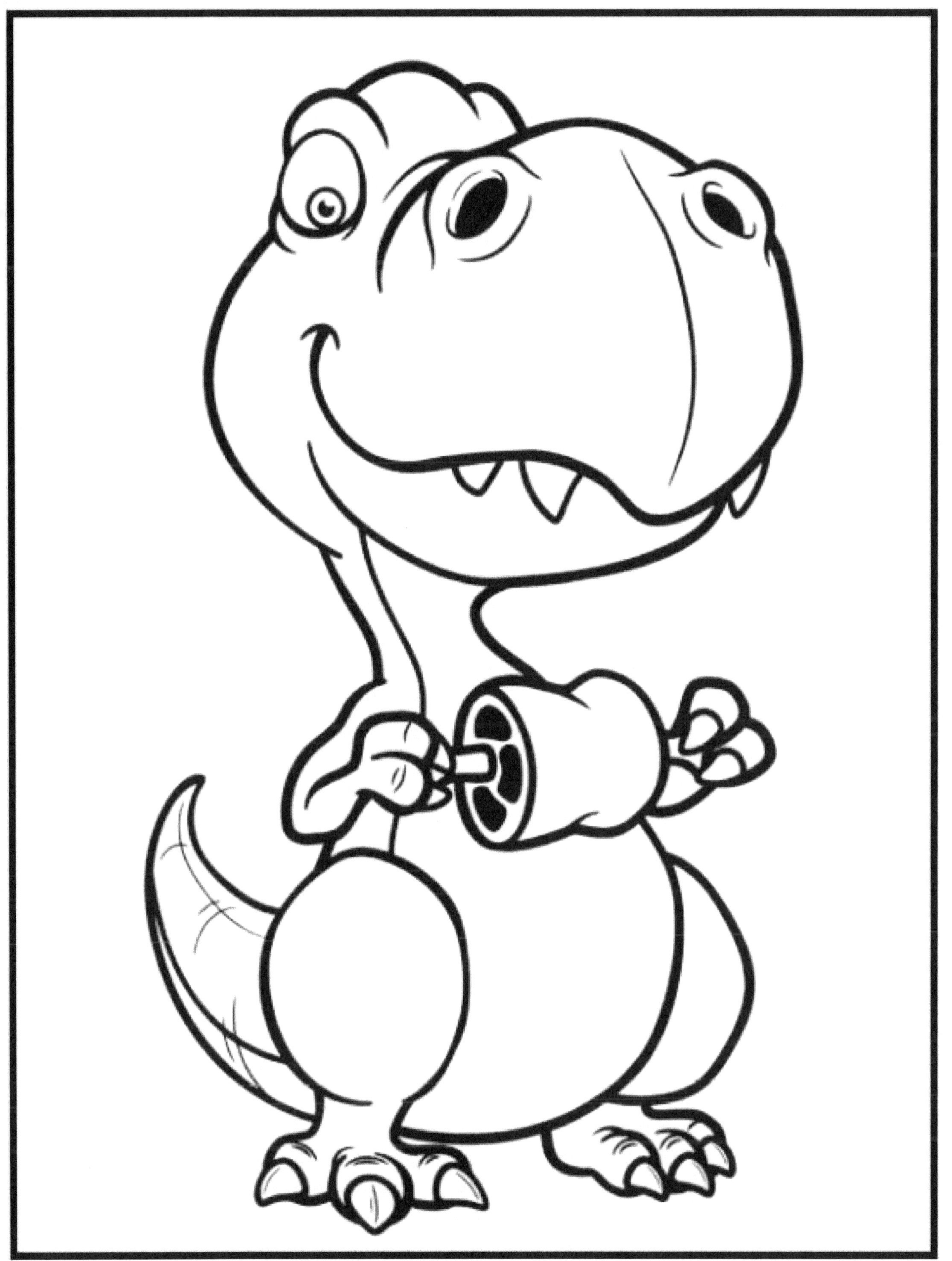

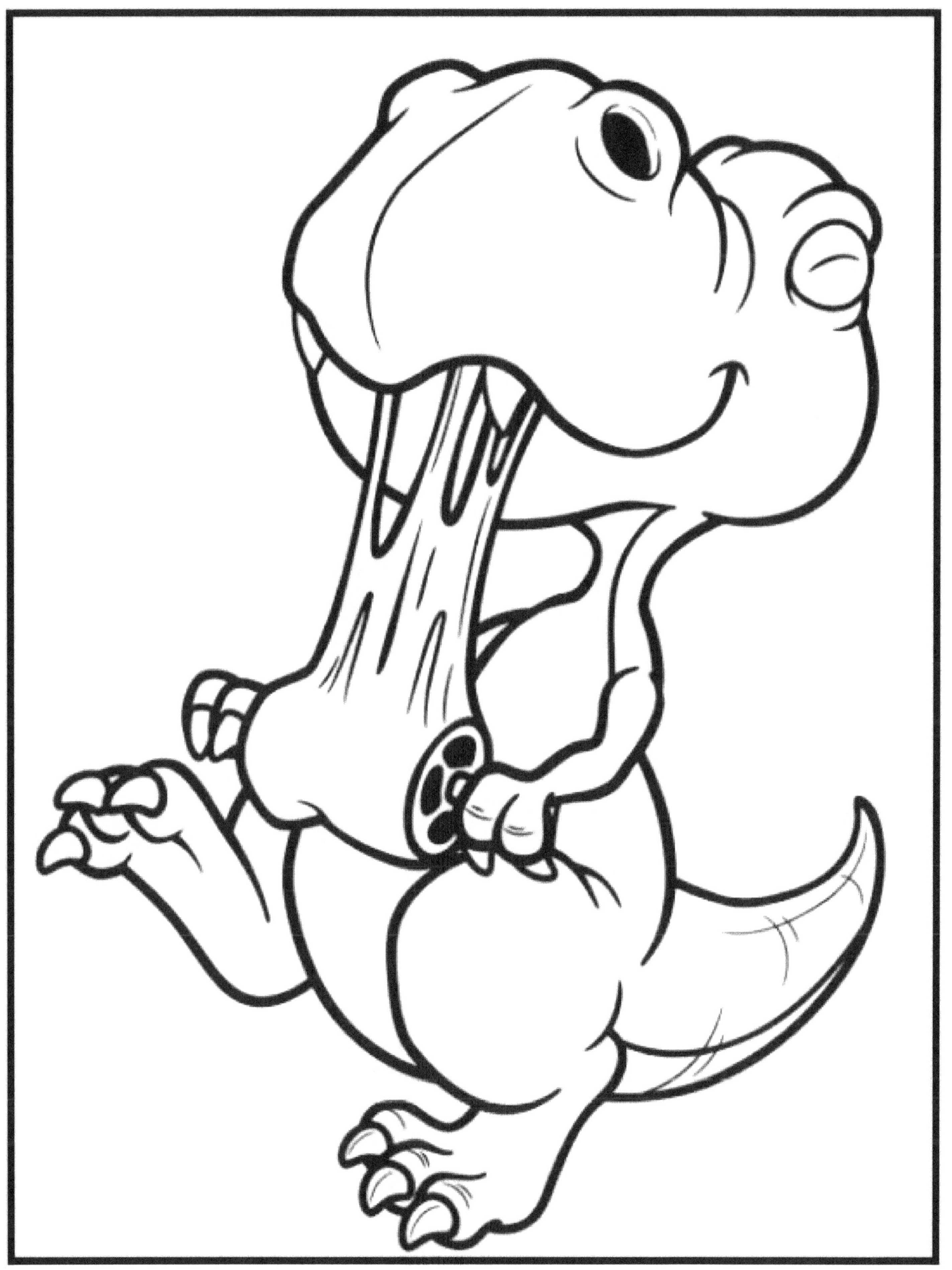

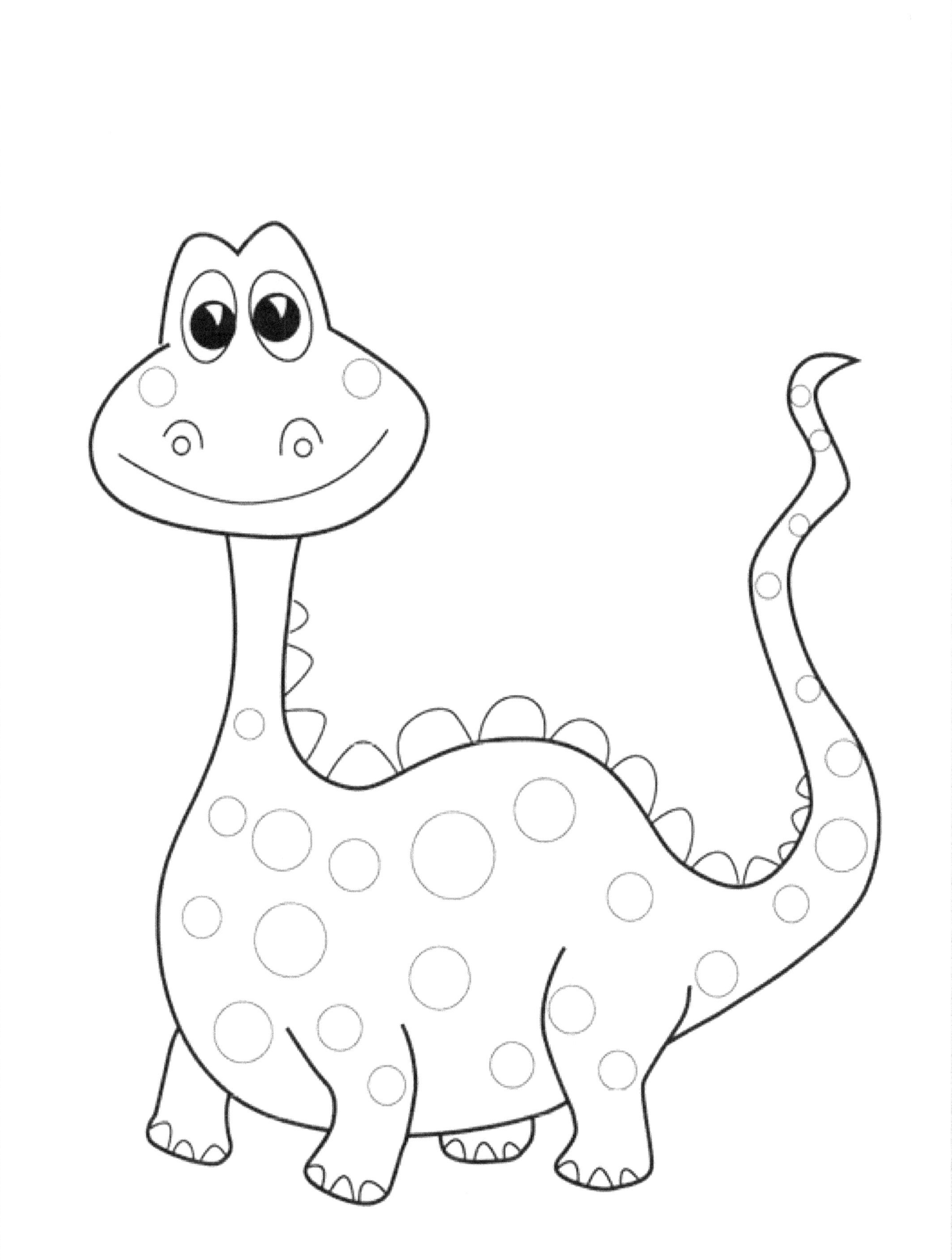

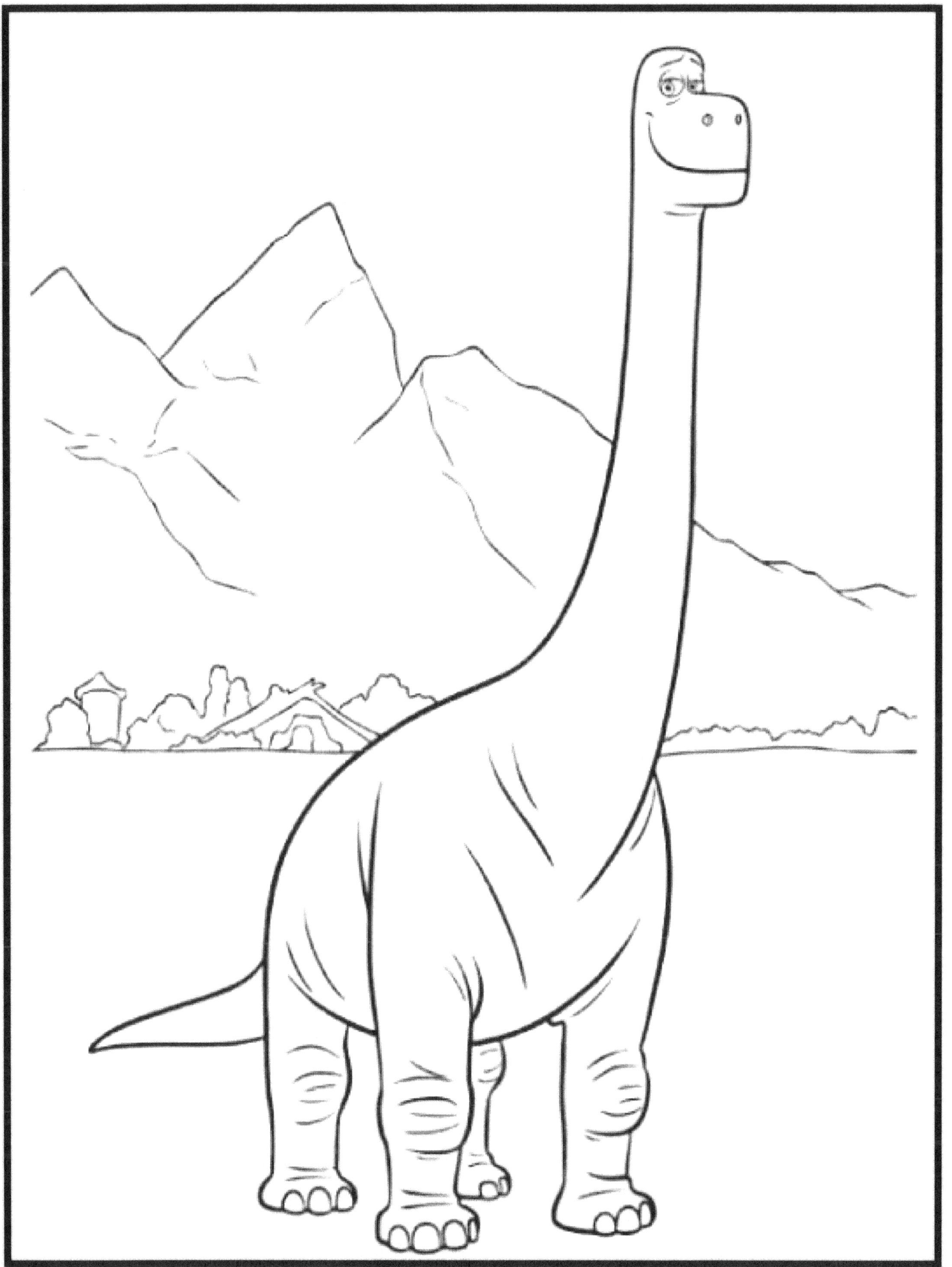

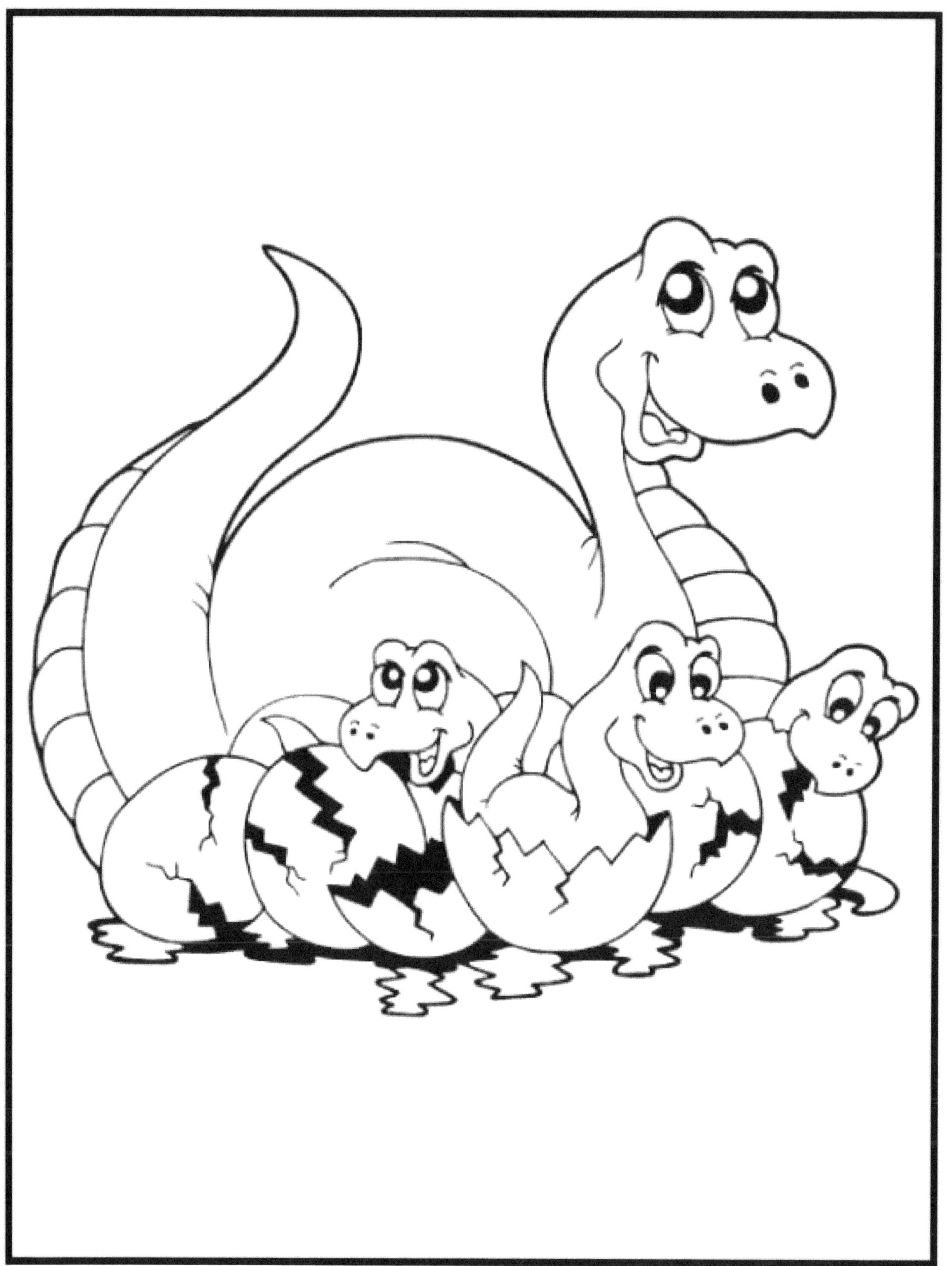

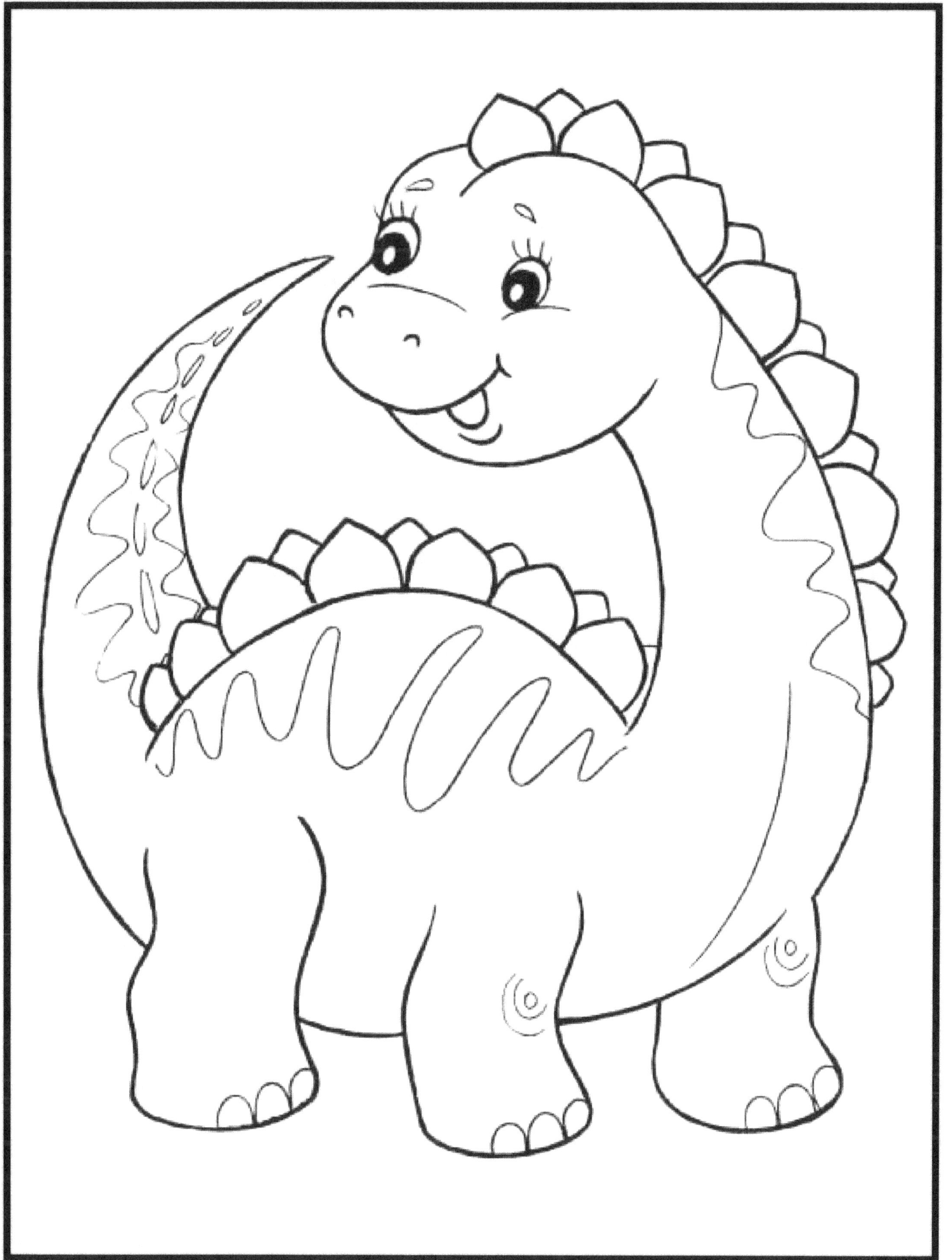

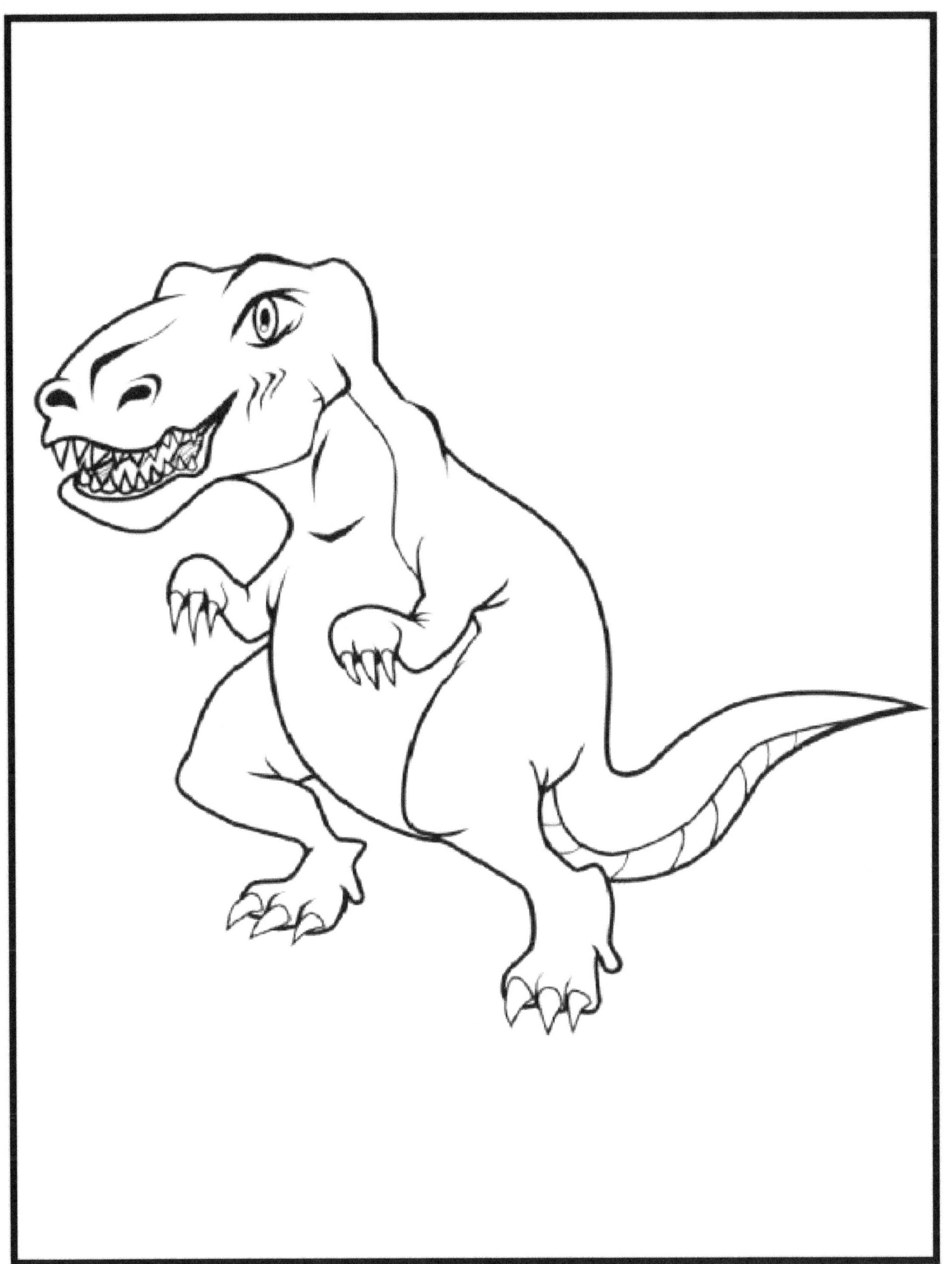

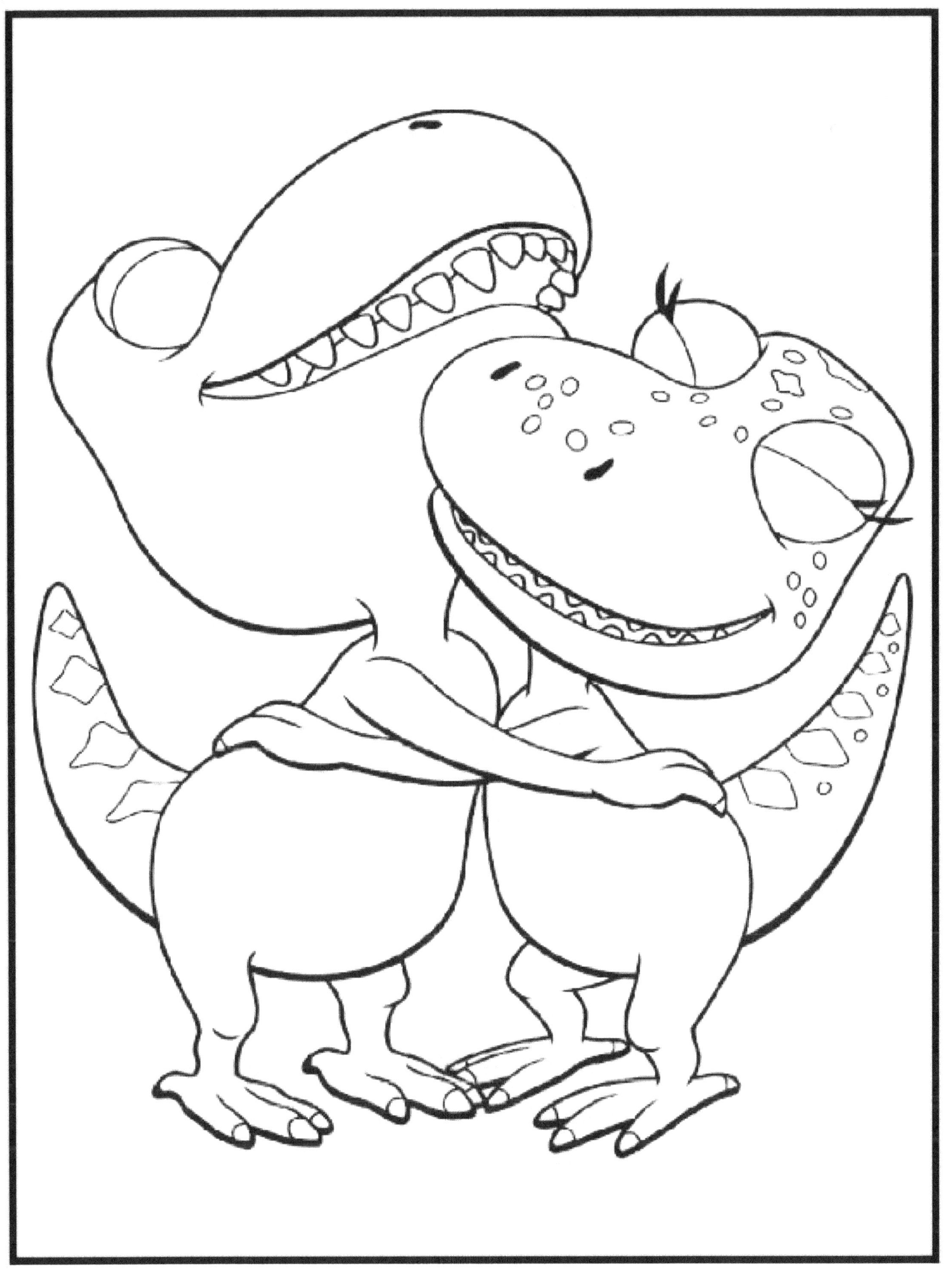

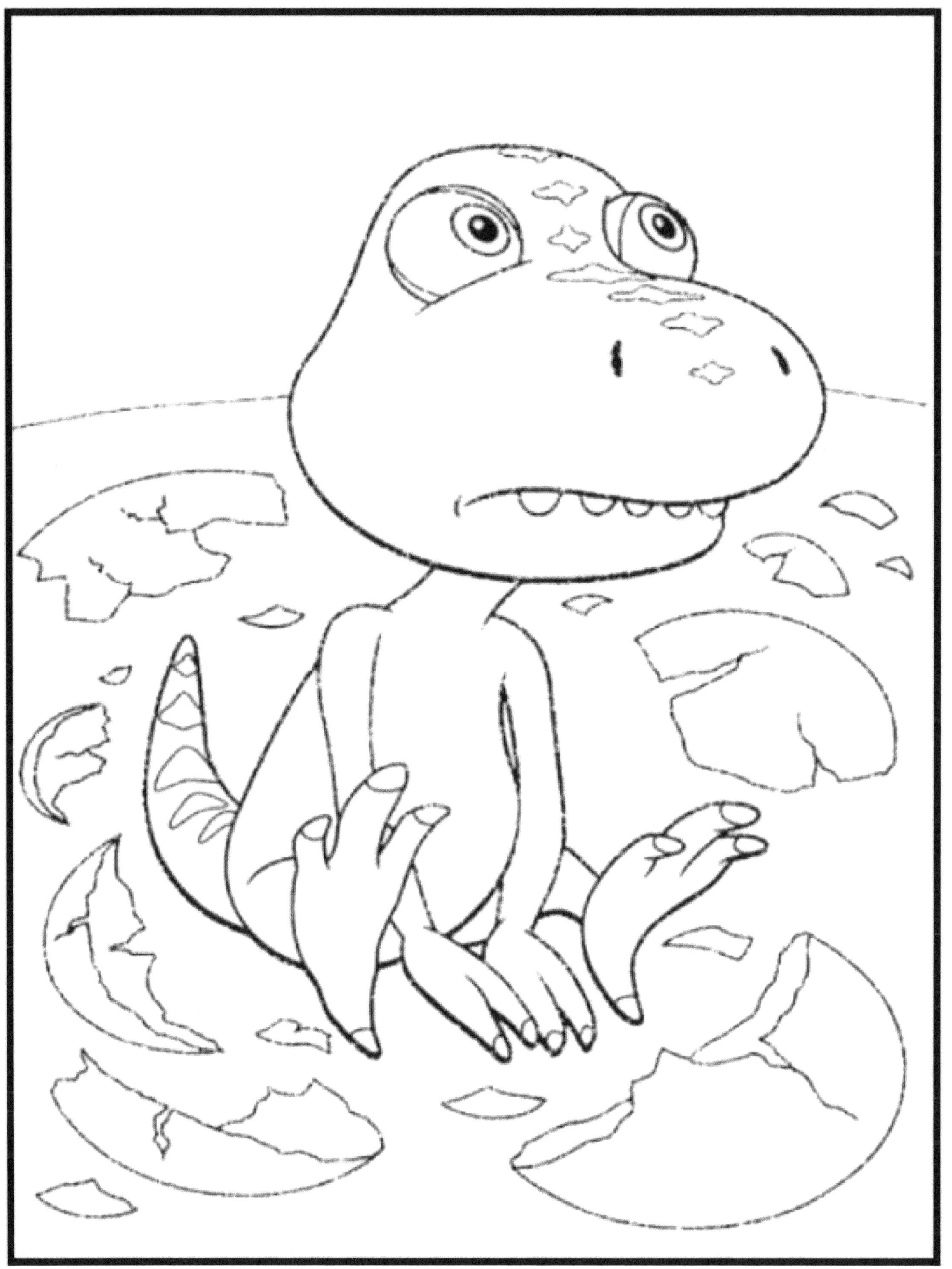

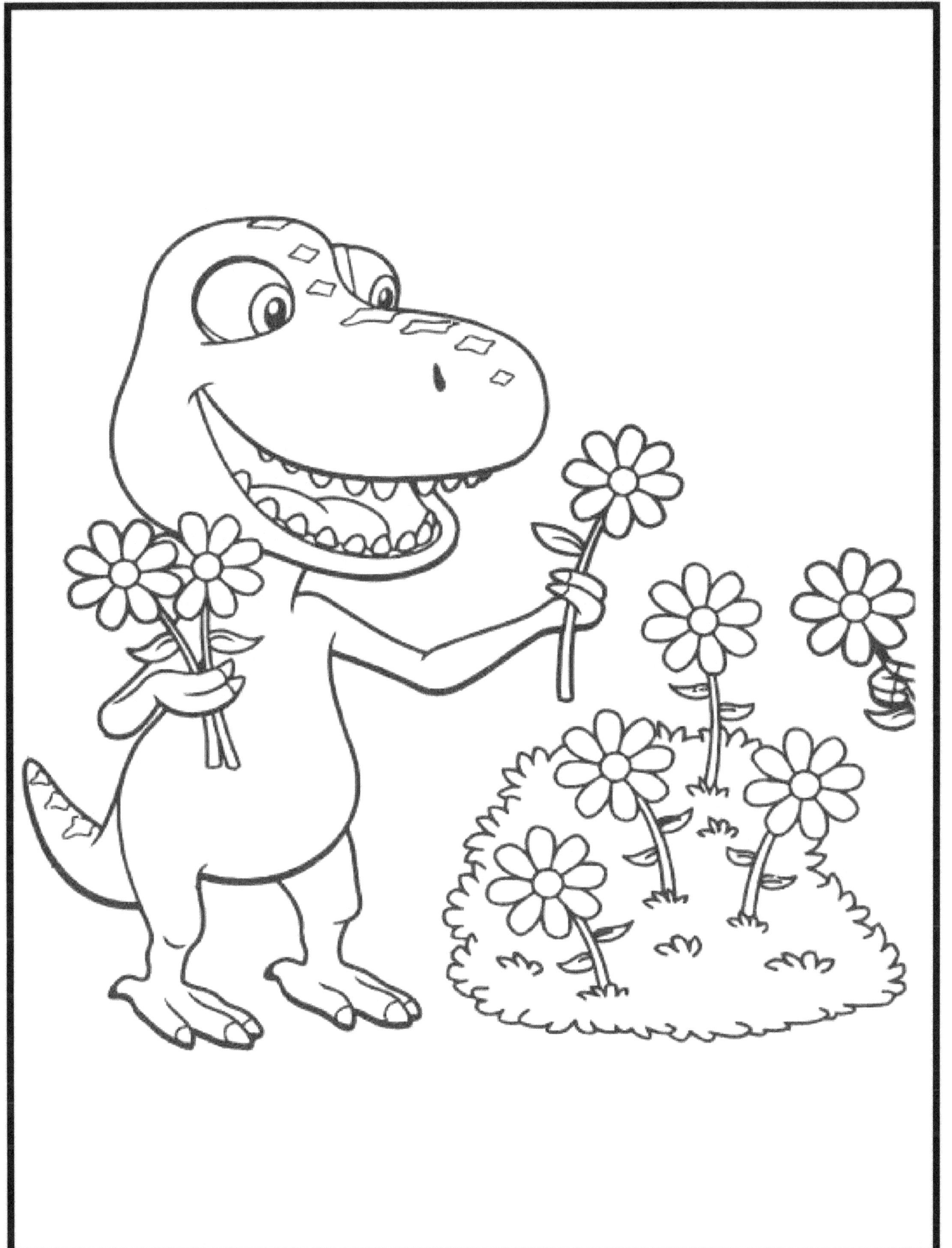

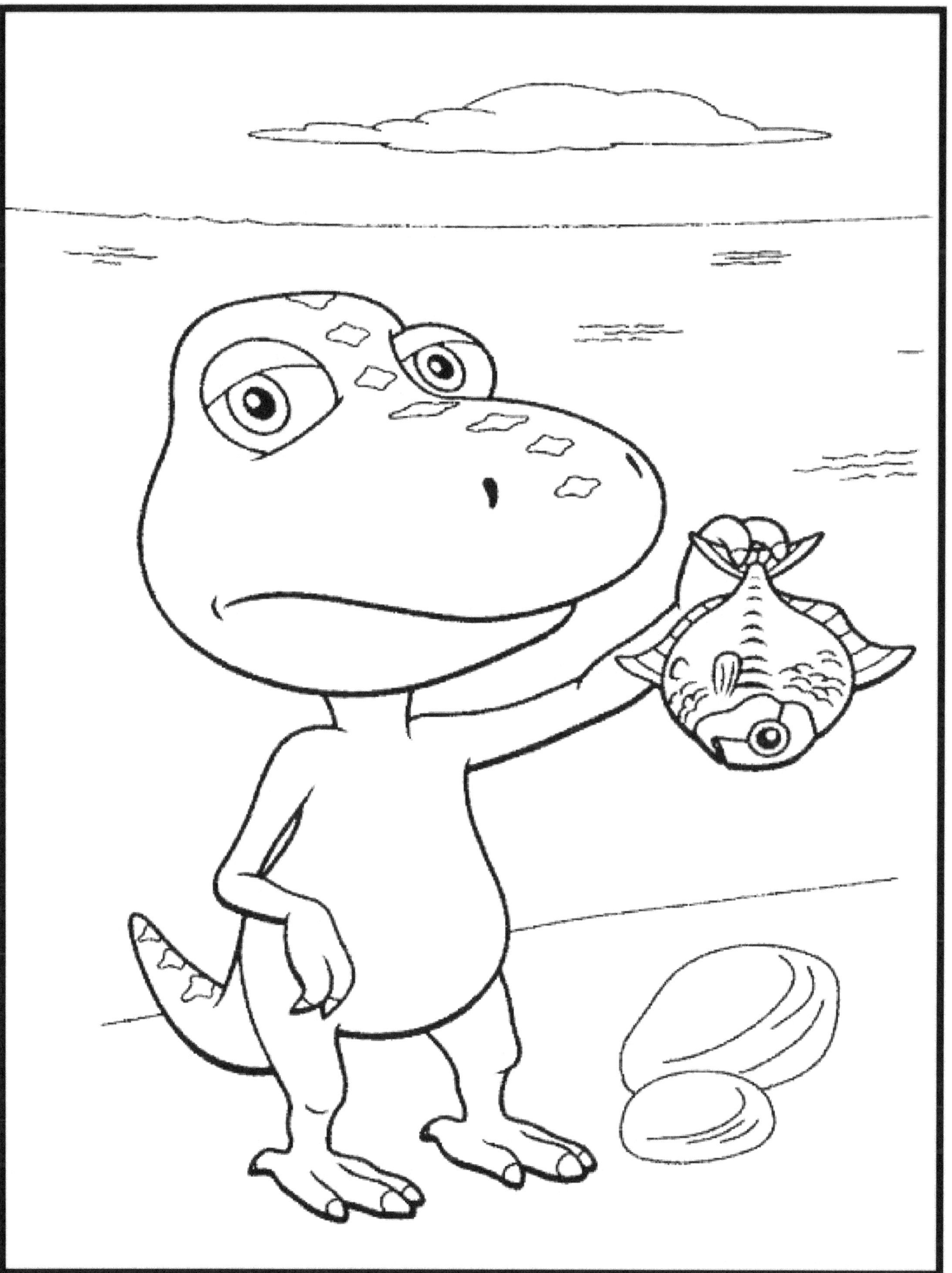

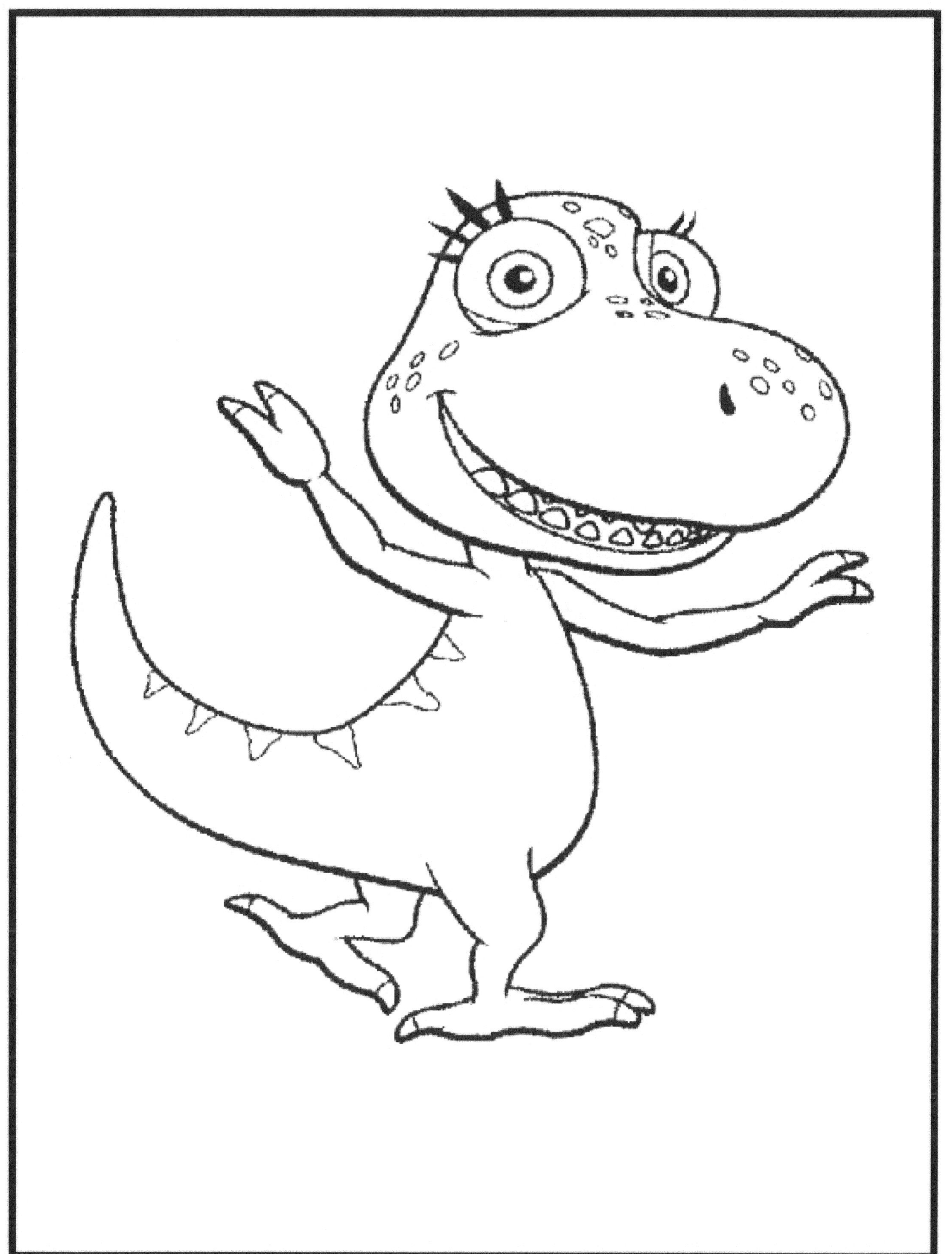

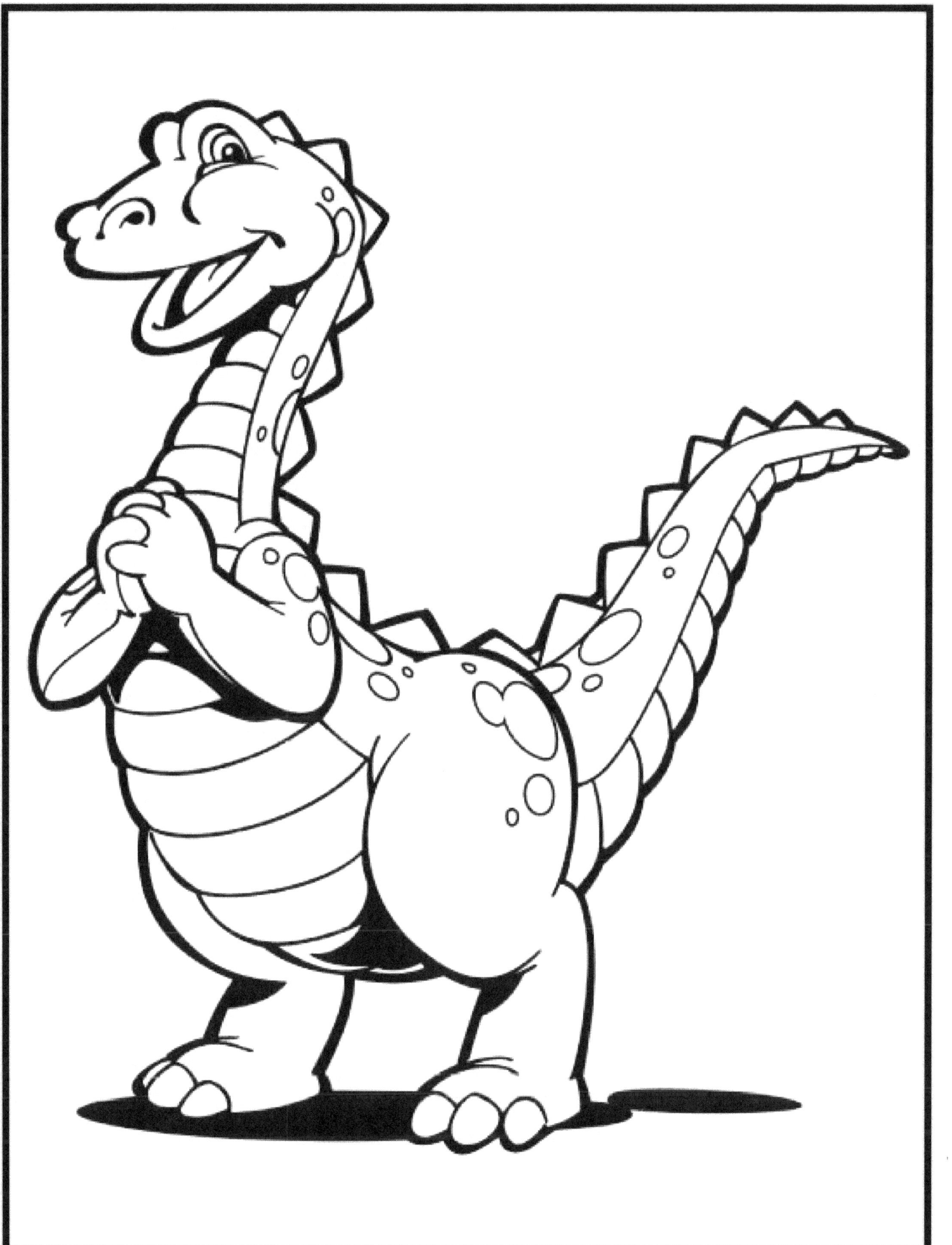

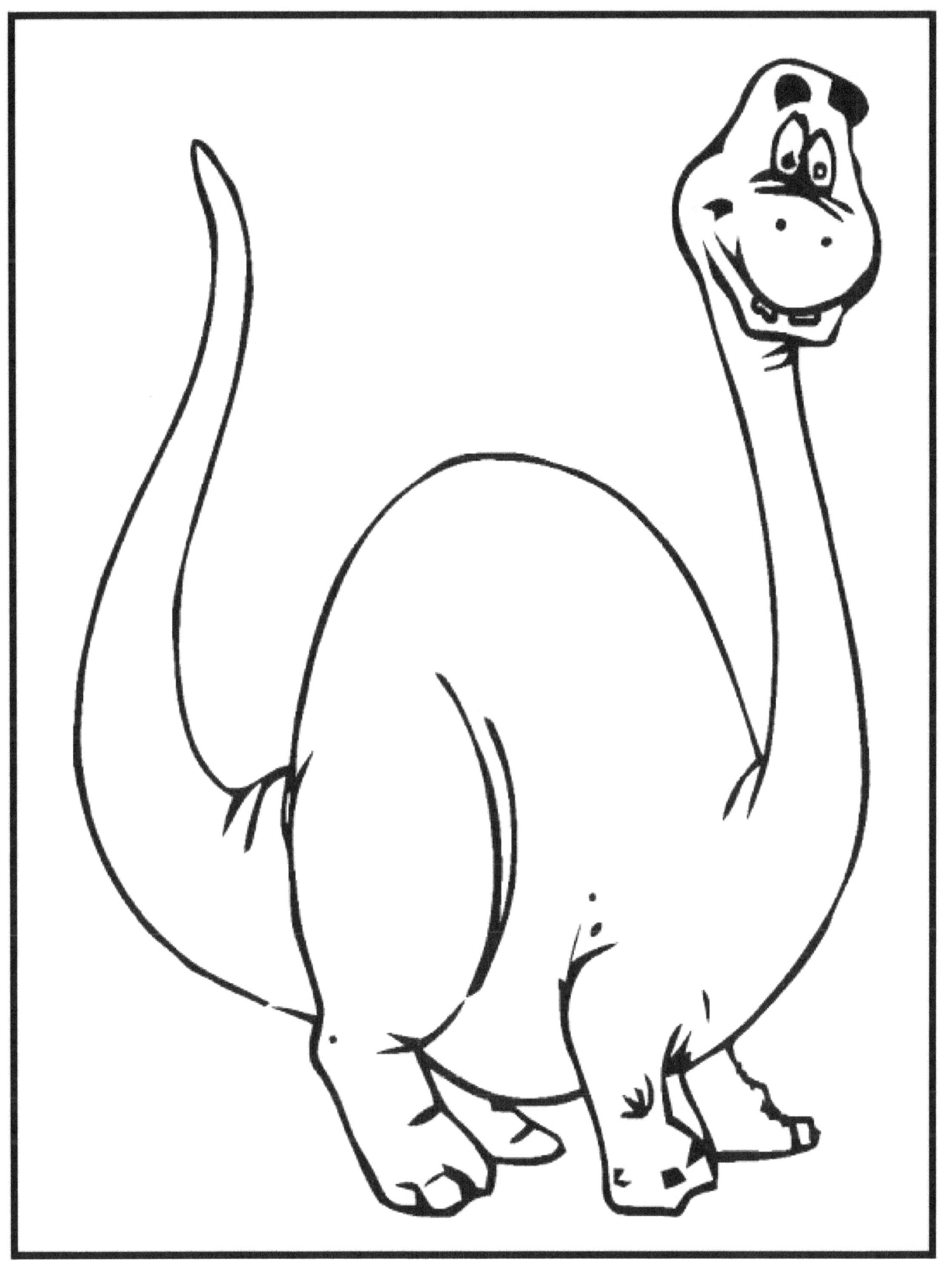

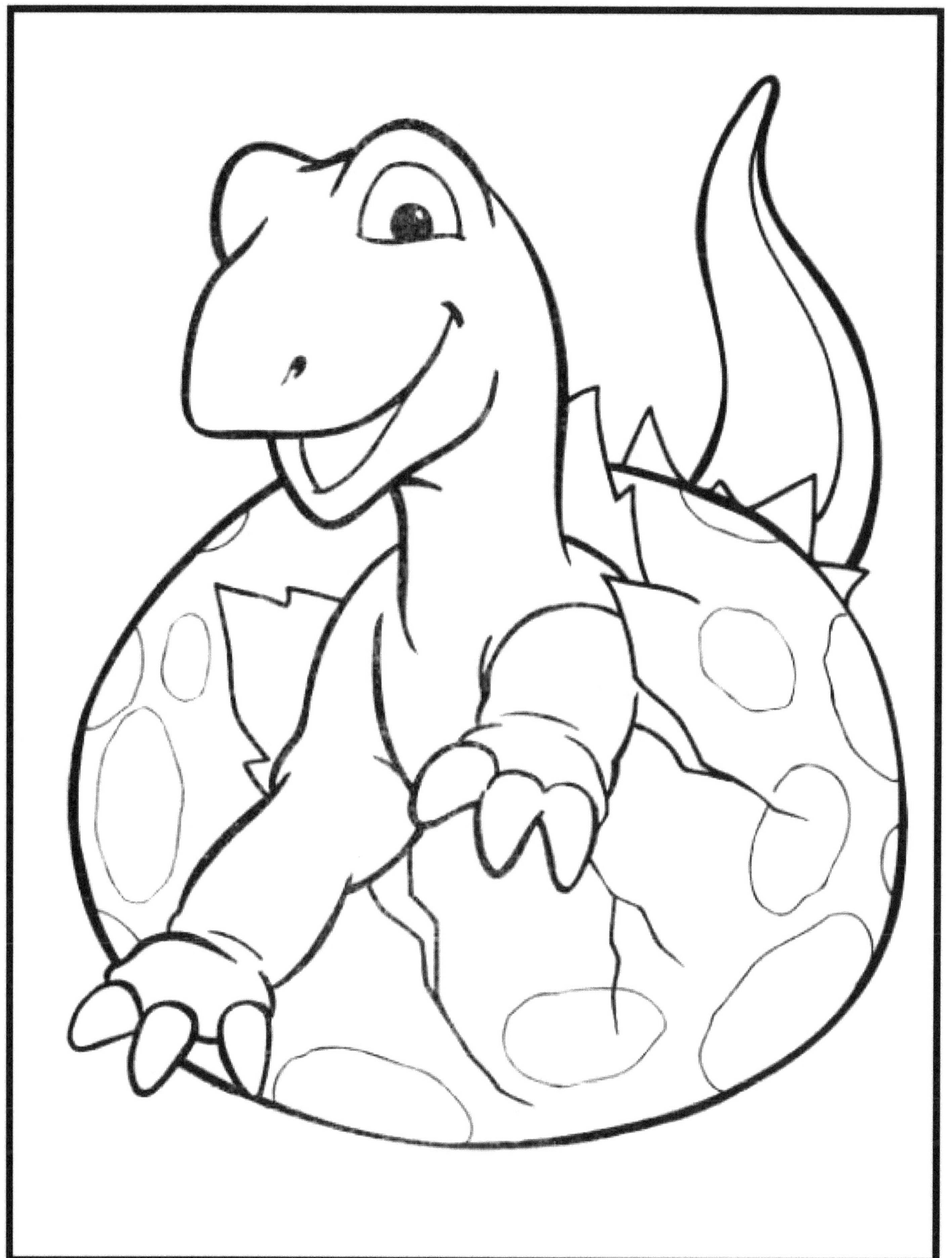

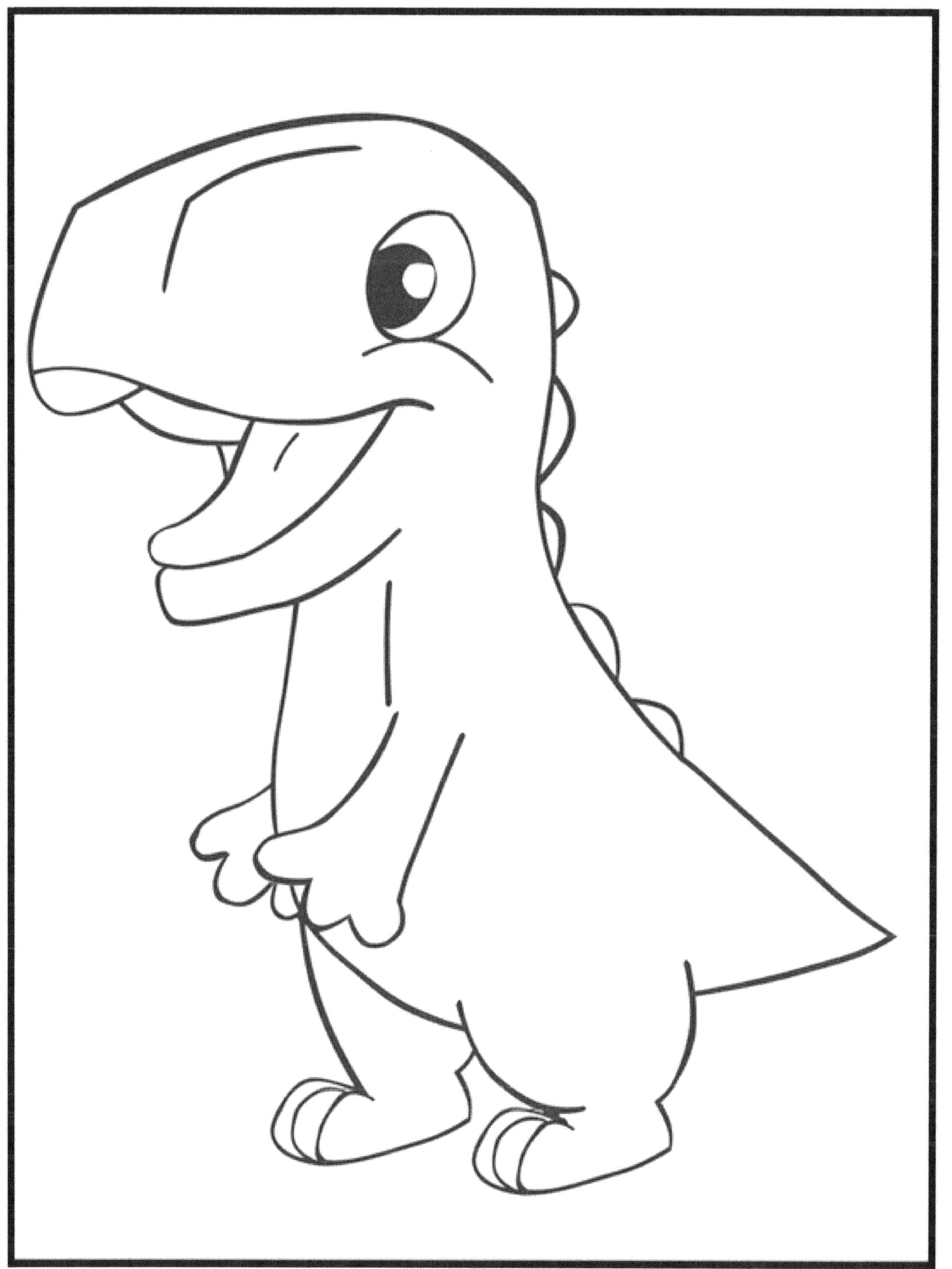

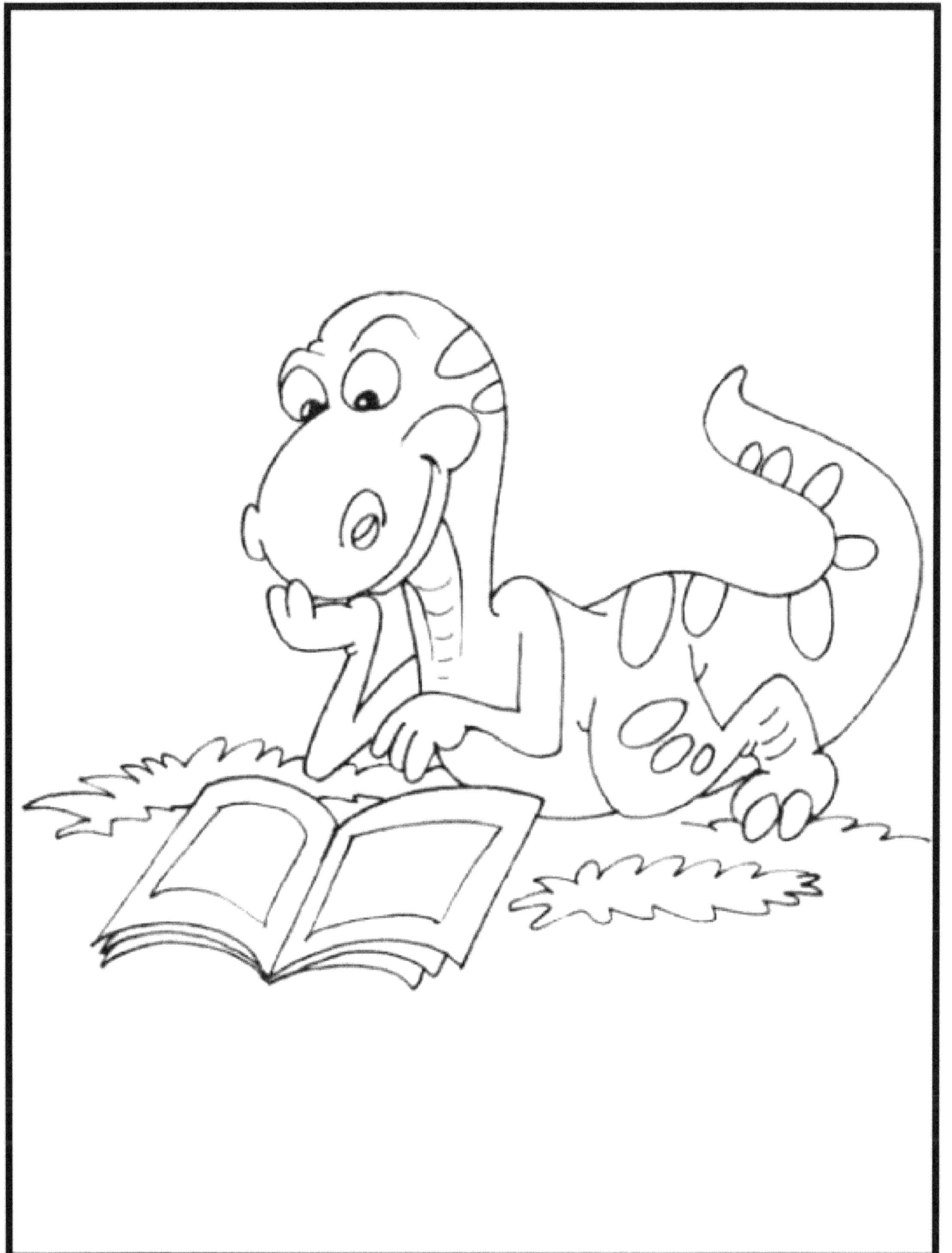

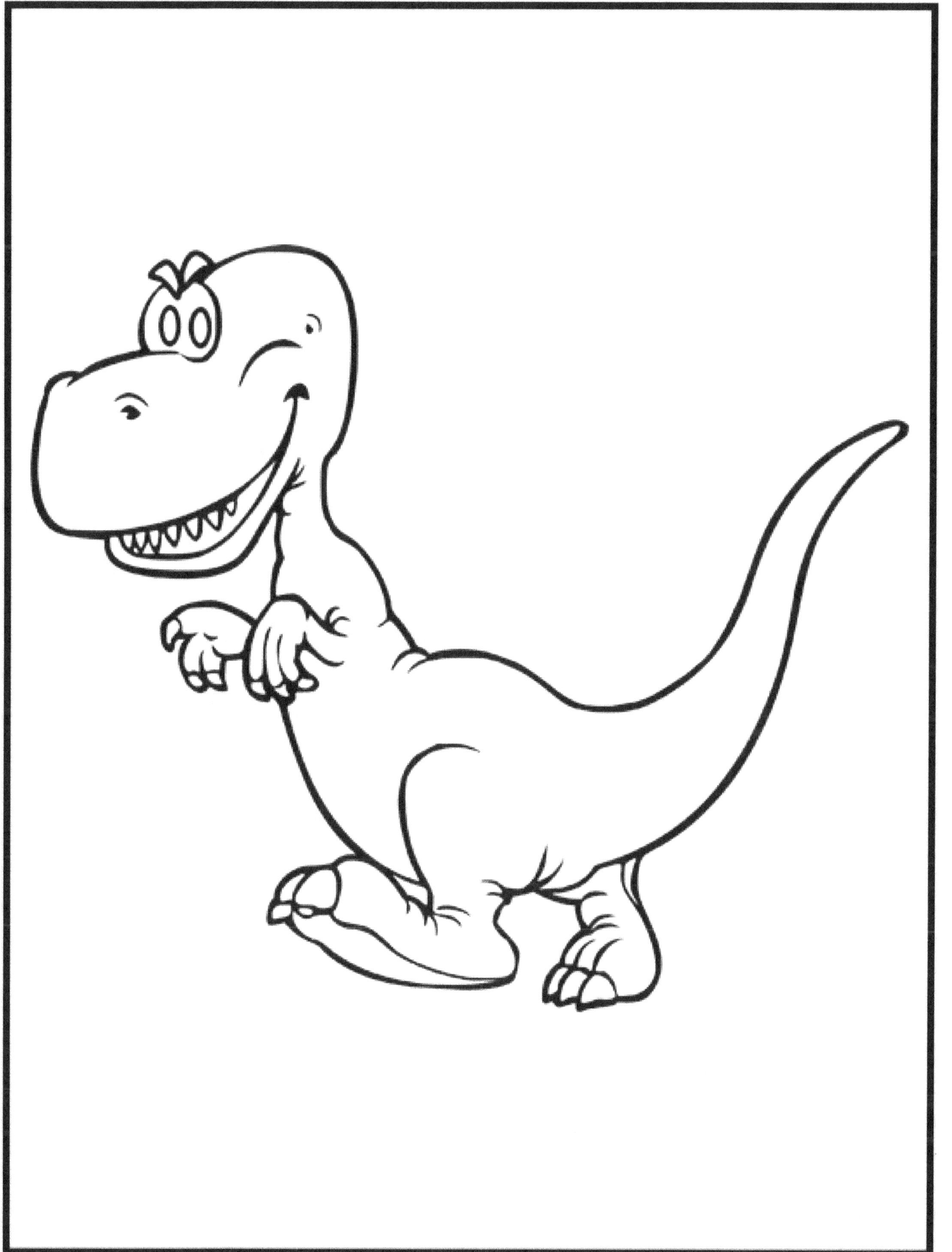